(日)上野千鹤子 著

曹逸冰 译

从提问到输出

上野千鹤子的知识生产术

情 報 生 産 者
に　な　る

文匯出版社

新经典文化股份有限公司
www.readinglife.com
出　品

目录

前言　写给想做学问的你 …1

第一章　在生产信息之前

1　何谓信息 …7

2　提问 …16

第二章　打造海图般的研究计划

3　批判性回顾既有研究 …33

4　撰写研究计划 …46

5　撰写研究计划（当事人研究版）…64

第三章　理论和方法任你取用

6　何谓方法论 …79

7　选择对象与方法 …93

第四章　收集并分析资料

8　何谓定性资料 …107

9　如何开展访谈 ...119

10　如何分析定性资料 ...131

11　超越 KJ 法 ...149

第五章　输出

12　撰写目录 ...167

13　撰写论文 ...181

14　培养评论能力 ...199

15　学习论文的写法 ...213

第六章　传达给读者

16　口头报告 ...229

17　传达讯息 ...239

18　成为制作人 ...245

后记 ...260

参考文献 ...263

前言　写给想做学问的你

做学问的人通常被称作"学者"或"研究者",他们以研究与教育为己任。教育也是我的工作之一。我在高等教育机构执教四十余年,足迹遍布职校、大专、大学、研究生院与成人教育机构,高等教育经验算是比较丰富。

我一直致力于培养"信息生产者"。高等教育以上的阶段不再需要学生念书(死记硬背),而是要求学生做学问(学而后问)。换言之,学生该做的不是解出有标准答案的题目,而是提出还没有答案的问题,自己找到答案。做研究(钻研问题)就是这么一回事。

所谓研究,就是提出前人未曾解答的问题、搜集证据、构建逻辑、给出解答并说服他人的过程。因此,单靠现有信息还远远不够。研究者自己必须成为新信息的生产者。

我在大学授课,就是为了把学生培养为信息生产者。信息有生产、流通(传播)和消费三个阶段。媒体是信息传播的媒介,人们从中获取并消费信息。毋庸置疑，学习的基础是模仿❶，所以适当消费他人生产的信息是自己成为信息生产者的前提。

世上流通着不计其数的信息，也有许许多多的信息消费者。有些人不过是在报纸、电视等大众媒体上得来一星半点的信息，却装出一副什么都懂的样子。有些人堪称信息极客，利用不为人知的情报源获取珍稀信息。此外还有信息美食家、信息大胃王和信息鉴赏家。信息消费者可谓形形色色，上有讲究的行家，下有不讲究的粗人。信息灵通，且对信息质量挑剔的人被称为信息爱好者。当然，正是这群高质量的消费者推动着信息质量不断提高，但我敢断言：信息也好，美食也罢，都是生产者比消费者更厉害！在美食界，也是厨师比食客伟大得多。为什么？因为生产者随时能变成消费者，但再精通的消费者都无法成为生产者。

我一贯要求学生成为信息的生产者而非消费者。我时常告诫他们：与其做信息爱好者，不如做独一无二的原创信息的生产者，哪怕产出的东西再拙劣也无妨。

成绩好的学生容易变成挑剔的信息爱好者，经常强人所难、吹毛求疵。对着别人生产出来的东西，谁都可以提出尖锐的批判，有时甚至能因此收获快感，但在对方抛出一句"你行你上"的时候，又难以提供替代方案。本科生也就罢了，研究生和其他进入学术知识再生产制度的人绝对逃不开"你行你上"的批评。如果在消费信息的同时带着信息生产者的立场，消费信息

---

❶ 日语的"学习"（学ぶ）一词同时也有"模仿"的意思。——编译注

的方式也会有所改变。因为你会去思考幕后，琢磨这些信息是如何生产出来的。

再者，做信息生产者比做信息消费者有趣得多，更有价值，也更具挑战。一旦尝到甜头，更是欲罢不能……这就是研究的极道❶。

---

❶ 极道，原为佛教用语，意为在某领域精通至顶点。——编译注

第一章

在生产信息之前

1 何谓信息

信息与噪声

信息源于噪声——这是信息工程的基础。没有噪声，就没有信息。

何谓噪声？噪声就是别扭、执念、疑问、疙瘩……因此，当一切都理所应当、毫无疑问时，不会产生噪声。

有些噪声能催生出有意义的信息，有些无法发展成信息，只能止步于噪声。所以，尽可能营造产生许多噪声的环境，就能有效提高生产信息的效率。

当你认为一切都理所应当、毫无疑问时，不会产生噪声。社会学术语"自明性"描述的就是这种状态。相反，在离自己太远、超出接收范围的领域，噪声同样不会出现。社会心理学称之为"认知失调"❶——听得见却没听进去，想必许多人都有

---

❶ 人们遇到与自身信念不一致的看法或行为时，会感到不适或焦灼。为了缓解不适感，人们会选择性忽视这些不一致，或试图将其合理化。——编译注

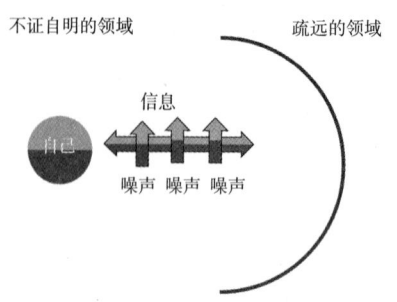

图表1-1 信息源于噪声

过类似"选择性重听"的经历。

因此,噪声出现在不证自明的领域和疏远的外界之间,出现在自身经验边缘的灰色地带。要想提高信息生产效率,就得先打造"噪声发生器"。因为有意义的信息就源自噪声(图表1-1)。

激活噪声发生器非常简单。

第一,缩小不证自明的领域。第二,缩小疏远的领域。由此扩大产生信息的领域(灰色地带)。要实现这两点,只要让自己置身于"理所当然不再被视作理所当然"的环境即可,难度并不高。投身于语言和习惯不同的异文化就是个好方法。如果觉得成本太高,多接触背景和成长环境不同的人或身心障碍人士也行。

换言之,信息产生于系统与系统的边界。跨越多个系统或站到系统的边缘,都有助于提高信息生产的效率。从这个角度看,芝加哥学派的罗伯特·E.帕克所谓的"边缘人"(marginal man）❶很适合当社会学家，因为站在多个系统边界的人更能洞察各个系统。

人类学家也是异文化中的局外人。正因为是局外人，他们才能收集到圈内人看不到的信息。圈内人也可以在参与其中的同时，通过观察者的视角将自己变成局外人。常人方法学❷就是一种将日常世界转化为异文化的方法。

说起边缘人，我们很容易想到不属于任何社会的犹太人。社会学家中的犹太人占比很高，说社会学就是犹太人的学问似乎也并无不可。

提问

生产信息的重中之重在于提问，而且必须是没人提过的问题。可以说，有了好问题，研究就成功了一半。所谓提问，就是如何呈现你剪裁的现实，讲究的是角度犀利和切口鲜明。

提问离不开品位与技巧。技巧可以磨炼和进步，品位却不能。因为品位体现了一个人的活法，呈现出你对现实的距离感和态度。

"来，提个问题看看"——许多初入大学校门的学生会被老

---

❶ 又称"边际人"，美国城市社会学家帕克提出的概念。在有着"种族熔炉"之称的美国移民社会，边缘人属于多个互不相融甚至相互冲突的文化，与每种文化都保持一定距离，处于相对有利的观察者立场（Stoneguist 1937, Park 1950）。——原注（若无特别标注，本书注释均为原注）

❷ 又译作"俗民方法论"，美国社会学家哈罗德·加芬克尔创立的术语（Garfinkel, 1967）。将研究异文化的人类学方法应用于自文化，以局外人的视角观察熟悉的日常生活。

师的要求搞得不知所措。因为上大学之前，从没有人对他们提过这样的要求。让学生批判性地阅读文献，也常有学生一脸茫然，告诉我他们被文献说服了，不知道从何批判起。不过凡事都需要训练和学习，在不断学习的过程中养成习惯。无论是提问本身，还是提出有品位的问题，经验积累到位就能学会。

提问要满足两个条件。第一，提可以回答的问题。第二，提你搞得定的问题。社会科学并非形而上学，而是研究形而下现象的经验科学，因此我们不能提既无法证明也无法反驳的公理性问题，例如"上帝是否存在""可不可以杀人"。若给这些问题添加脉络，改成"什么样的人认为上帝存在""什么情况下可以杀人，什么情况下不允许杀人"，那就可以解答了。其次，人的时间和资源有限，有些问题一天就能解开，有些需要一个月或一年，还有问题穷尽一生都无法解答。认清问题的规模，提出能在有限时间内解答的问题，才能体验从提问到解答的过程，明白"解答问题"是怎么一回事。经历过这个过程，就算问题规模扩大、问题对象改变，你也可以灵活应对。

何谓原创性

没人提过的问题，就是有原创性的问题。具有原创性的问题能孕育出原创性的解答，催生出原创性的研究。

不过，什么是原创性？

原创性就是和既有信息集合之间的距离。"距离"在英语中是distance。换言之，与既有学识的集合保持一定的距离

(distance），就是你的立足点（stance）。（图表 1-2）

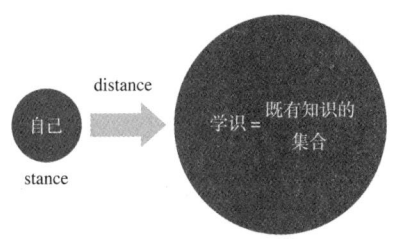

图表 1-2　原创性即距离

要提出一个没人提过的问题，必须先了解谁提过怎样的问题并给过怎样的解答。掌握既有信息集合的人被称作"有学识"，没有学识的人甚至无法确定自己的问题是否具有原创性。所以学识是原创性的必要条件，但两者往往相互冲突。学识可以通过努力获得，原创性却靠品位。那学识和原创性孰轻孰重呢？我给出的回答永远是——都重要，硬要选的话，"有原创性但缺乏学识"比"有学识但缺乏原创性"更好。因为有原创性的人可以事后补充学识，但有学识的人很难通过后天努力补足原创性。

一手资料与二手资料

资料来源有"一手"和"二手"之分。一手资料指的是现实中亲眼或亲手获得的信息。顾名思义，二手资料则是他人加工过的信息，说白了就是二手货。由他人之手加工过的都是如此，通过报刊、博客等媒体获取的信息均是二手资料。

收藏二手资料的仓库是图书馆。常有人误以为研究者就是整天窝在图书馆里看书的人，但那仅仅是研究者的一个侧面。有些研究确实主要靠从图书馆收集资料，我们称之为图书馆调查。近年来，似乎也有不少学生只靠从网络收集资料。然而，收集资料并非只能通过图书馆和网络。在图书馆之外与线下世界，还有广阔无垠的经验领域。从经验领域亲手获取的就是一手资料。

近来学校盛行的"调查学习"基本属于图书馆调查的范畴。今时今日，我们无须前往图书馆，也能通过网络触及不计其数的信息内容，仅靠复制粘贴网络信息拼凑出来的报告在小学到大学的各个阶段屡见不鲜，但这不叫"研究"。东京大学的上野研讨组从不认可只是巧妙整合媒体信息的报告。我总会严厉质问学生：那是属于谁的信息？是一手还是二手？

当然，就某个主题梳理出谁研究到了什么地步，也有一定的价值。这样的报告被称为综述论文，但也就止步于此。能写出详尽准确的综述论文的人，大概在长年受教育过程中接受了大量"阅读下文并以××字概括大意"的训练。梳理某领域提出过哪些问题且在多大程度上得到解答的综述论文，仅仅是研究的准备阶段，充其量是体现出"你做了不少功课"的阅读报告。研究论文将这一环节称为"回顾既有研究"（文献综述）。以"你这个水平都能提出的问题肯定早有别人提过"为起点，才能真正开始研究。

虽说提问讲究原创性，但完全没人提过的问题着实罕见。

不过,"批判性地回顾既有研究"有助于了解自己提出的问题被解答到了什么地步,哪些地方还有待解答。如此一来,才能明确自己的原创性究竟是什么。

输入与输出

消费或收集信息的过程叫"输入"。将输入的信息加工成产物的过程被称为"信息处理"(information process)。process 既是"加工",也是"过程"。信息生产的终点是输出信息产物。无论你输入多少资料(这叫博学),处理多少信息(这叫智慧),没有输出就算不上研究。

要成为信息生产者,就得想方设法将输出传达给对方。因为信息生产是一种交流行为。如果没有传达到位,信息生产者该负全责。若是生出误会,信息生产者同样责无旁贷。可见,"研究"这种信息生产行为的特征就在于,不容许诗歌和文学作品那样的模棱两可。运用不留误解余地的清晰表达,以不可撼动的逻辑结构为基础,摆出论据说服他人,就是输出论文所必需的技术。

语言是资料的唯一形式吗?

那么如何获取一手资料呢?资料分为语言资料和非语言资料,而研究是语言性产物。一手资料可以通过观察、经验、沟通、对话、访谈、问卷调查、统计等途径获得,但所有资料必须先转化为语言资料,才能最终输出为语言性产物。

资料收集的机会无处不在。毫不夸张地说，在日常生活中就能收集资料。媒体言论、信件、日记、证词和法庭记录等二手资料，也能作为一手资料，成为综合分析❶的对象。

　　研究基本上就是输入语言信息，再输出语言信息的信息处理过程。学术界以语言信息为尊，重精神多过身体，重理智多过情感。但输入非语言信息，再以非语言信息的形式输出，说不定也是可行的。先输入影像，再输出影像，或者以视觉表达或表演艺术的形式输出，也并非不可想象。在这些年的学术教学中，我意识到自己的输入和输出都偏重语言。我只知晓如何处理语言信息，能传授的也仅限于此，但世上肯定有人掌握更丰富多样的非语言信息的输入/输出诀窍，也能传授给他人，只不过这不叫"学问"罢了。以语言为信息处理媒介的人应当充分认识到自己只能处理语言的局限性。

何谓学问

　　最后再聊聊何谓学问吧。

　　我将学问定义为"可传播的公共知识财产"。学问是可以传播的，所以也可以学习。学问没有艺术或宗教那样的秘技与奥妙。日语里的动词"学习"本就由"模仿"一词演变而来。学问应当简单明了，能照葫芦画瓢地习得，最终生产出公共的知识财产，而非私有财产。

---

❶ 综合分析（meta-analysis），一种定量分析手段，运用测量和统计分析技术，总结和评价已有的研究。——编译注

因此，我认为研究者更像是工匠（artisan），而非艺术家（artist）。对艺术家而言至关重要的是，作品像"歌德的作品""罗丹的雕塑"那样与专有名词挂钩，无法被他人模仿，但工匠的终极目标是作品不再与专有名词绑定，成为谁都能用的公共财产。所以，像"福柯的话语分析"那样逐渐褪去专有名词的外衣，以"话语分析"广为人知并成为社会科学界共享的工具，发明者本身被人遗忘，才是社会科学家的至上荣誉。

"身份认同""参照群体"等形形色色的概念就是如此转化成了全体研究者的公共财产。成为研究者，就是加入这个专家群体。如果你想生产百分百原创、谁都无法模仿的独家表达或作品，那最好朝艺术家或创作者的方向努力，而非成为研究者。

做学问、成为信息生产者就是这么一回事。从下节开始，我将依次讲解成为信息生产者的步骤。

2 提问

写作教育的谬误

读到这里,你有没有燃起成为信息生产者的激情呢?容我再强调一下,做信息生产者可比做信息消费者有趣多了。

我们要做的是"研究"。这项工作的内容可以总结归纳成"查而后写"。这正是研究与"有感而发""思而后写"的区别所在。

"把你的感受原原本本写出来"——从小学就开始的漫长写作教育中,老师有没有这样教过你呢?我一直认为这样的指导着实教人头疼。"从数据出发,摆出论据,以他人能够理解的方式写出自己的想法"才是更可取的写作教育理念。

仅仅是"思而后写"也不行。没有依据的想法就是偏见的代名词。任你在自身内部如何深挖,也不会有多了不起的发现。别人并不想听你的感受、经历、偏见和信念。你应该很清楚,没有人真的关心别人的人生。成为信息生产者,就是将对自己和他人都有价值的信息纳入"公共知识财产"的行为,因此我们必须产出有相应价值的信息。

借机撒个气，义务教育之后的语文课本多以文学家的作品为主，这让我不胜其烦。散文和韵文本就有多义性，怎么"解读""鉴赏"都行，语文老师又都是些落魄文学青年，这样的语言教育简直大错特错。正是因为教育在这个方向上越走越远，才常有人发表"日语不适合逻辑思维"的谬论，但事实绝非如此。这种人都是没读过、没写过逻辑性强的文章罢了。我认为语文课本应该多收录人文社科学家写的逻辑性较强的文章。

考题也不该问"作者此时的感受是什么"，而该问"这种论证方法是否具有说服力"。没有受过这方面训练的孩子上了大学，老师就得从文章的写法教起。

逻辑性强的文章不容许产生多种解释。所有术语都要明确定义，避免歧义。敲定了的术语必须从头用到尾，看腻了也不能改。必须缜密地构建论证，确保逻辑严谨。因为文章的目的就是把观点准确无误地传达给对方。万一出现误读，责任也在作者。这就是研究论文的规矩。

好枯燥啊，真麻烦……如果你有这样的想法，那就不适合做信息生产者。当然，从广义上讲，作家和诗人也算信息生产者，但信息只有被消费才有价值。对自己有价值的信息不见得对别人也有价值。各行各界都有人想生产出对自己来说非常迫切、至关重要、专为自己服务的信息，但如果没有消费者，就只是在唱独角戏而已。没有读者的"壁橱诗人"和"博客作家"有的是，但对研究者而言，不被共享的信息就是没有价值的。

有交集的讨论

社会科学是经验科学。我们必须从可验证的事实出发，得出有理有据的发现，而不是根据信仰与信条提出主张。我经常提醒研讨组的学生"我没问你的信念"，还会追着他们问"凭什么这么说"。无凭无据的信念不过是先入为主的偏见罢了。如果发表的都是无法论证或反驳的偏见，那么研讨会的气氛再热火朝天，到头来也只能以"大家各有各的想法"告终，无法得出结论。这称不上是讨论。

某些大学的研讨会看似发言踊跃，讨论的内容其实根本没有交集。在上野研讨组，只要有人回答了问题，我都会问提问者："这样算回答了你的问题吗？"因为现在的学生普遍惧怕噪声，就算对方的回答没有说服力或牛头不对马嘴，他们也会默默接受。

"Did s/he answer your question?"——只要这么引导试探一下，便知提问者并没有心服口服。他们会说"其实只回答了一半……"或"呃，我想问的不是这个……"。如果研讨会设置了主持人，她/他的职责就是引导大家开展有交集的讨论。

细想起来，日本的国会答辩就是不折不扣的鸡同鸭讲。"刚才的发言是否回答了你的问题"才是最该在每一轮答辩中明确的事情。要是让孩子们误以为那种为拖延时间而闪烁其词的对话就是讨论，那可怎么得了。

哟，一动气就扯远了。

何谓研究

说回研究吧。

何谓研究？研究的流程如图表 2-1 所示。

大略如下：(1) 首先提问；(2) 回顾既有研究，看看是否有人提过类似的问题。明确哪些部分已经有了解答、哪些部分还没有解答后，再进一步聚焦，设定 (3) 研究对象和 (4) 研究方法。(2)(3)(4) 的顺序可以视情况灵活调整。接着，(5) 针对问题提出可预测的理论假设，(6) 再将其转化为可检验的实证性工作假设。(7) 收集检验假设所需的一手资料，(8) 分析所得的资料，(9) 根据分析结果验证或推翻假设，得到新

何谓研究？

1. 提问
2. 回顾既有研究（对象/方法、理论/实证）
3. 设定对象
4. 选定方法
5. 提出理论假设
6. 提出工作假设
7. 收集资料（一手资料/二手资料）
8. 分析资料
9. 验证假设（验证/反证）
10. 构建模型
11. 提出发现与意义
12. 认识到局限性和挑战

图表 2-1 研究的流程

的发现。(10) 若能在此发现的基础上构建出适配其他研究的通用模型，那便是大功一件。(11) 最后指出发现的意义所在，阐述这一发现对学术界的公共知识财产有何贡献，(12) 同时表明你已经认识到自身研究的局限性。

上述研究流程直接反映在"研究计划"（详见后文）的格式上。这正是"论文"这一信息产物（输出）的基本结构。上野研讨组以"成为信息生产者"为宗旨，教学计划也直接套用研究流程，没什么秘密。课程安排详见图表2-2。

提问

研究始于提问。研究层面的问题被称为研究问题。"你的研究问题是什么"是每个研究者绕不过去的问题。

提问也许是难度最大的环节。因为解答问题的方法可以教，提问的方法却教不了。而且，提出没人提过的、还没有解答的问题很考验提问者的人生态度与个人品位。

这个环节以前也被称为"问题意识"。没有问题意识就不会有问题。借用信息科学的术语，也可以将问题意识描述成"捕捉噪声的敏感度"。噪声是对现实生出的别扭感、疑问和执念。在不证自明（理所当然）的世界中停止思考的人是不会产生噪声的。

提出可以回答的问题

有些问题可以回答，有些则不能。比如，"灵魂是否存在"

1. 提出研究问题
Making a research question
2. 撰写研究计划
Writing a research proposal
3. 批判性回顾既有研究
Survey of the existing literature: critical reading
4. 收集资料：定性调查方法
Data collection: learning the method of the qualitative survey
5. 收集资料：定量调查方法
Data collection : learning the method of the quantitative survey
6. 构建目录
Constructing the table of contents
7. 写明问题意识
Writing the problematic
8. 创建内容
Creating the contents
9. 撰写初稿
Writing the first draft + making a comment
10. 修改论文
Revising the paper + making a comment
11. 口头报告
Oral presentation
12. 完成研究论文
Finishing the final version

图表 2-2　研讨组课程安排

这个问题就无法在经验层面得到验证或反证。经验科学属性的社会科学与形而上学的区别在于，前者不处理没有经验指涉（empirical referent）的概念（如上帝、灵魂）。再如"人活着是否有意义"，这个问题对提问者而言也许非常迫切，但却是一道无解的题。而社会科学家会尝试将这个问题脉络化，改成"人会在什么时候感受到活着的意义"，这样就可以回答了。

顺便一提，社会科学家不会使用"本质"这种非历史性的概念。例如，我们无法证明"女性的本质是母性"，却可以回答"女性的本质是母性这一认识是何时形成的""什么样的人认为女性的本质是母性"。

信息生产者必须提可以回答的问题。而回答总是一时的，迟早会被新的回答取代。学问的发展便是如此。前人早已做过研究，你却要再次提问，这表明你对以往的解答并不满意。

问题有"老套"与"独特"之分。老套的问题是很多人都能想到的，因此很可能已经有许多人研究过并给出解答（详见第3节中"何谓既有研究"的部分）。例如，"特朗普上台后美国将走向何方"这个问题有很多人感兴趣而且无法预测，也还没有解答。可无论你多关心这个问题，如果更了解特朗普的专业人士已经做过深入分析，你的研究怎么可能比得上呢，赶紧抽身才是明智之举。

独特的问题则是没有人提过的问题。你只要给出解答，便能成为该领域的先驱。而且没人跟你竞争，该领域的最高权威就是你。不过，如此独特的问题自然是稀罕，可能没有文献可查，甚至资料都没有。在女性学的草创期，曾有人提出这样的问题——江户时代的女性都用哪些月经用品？日本的卫生巾出现于1961年。如果问"卫生巾诞生之前的月经用品都有哪些"，倒还能搜集到老年女性的证词，可一旦追溯到江户时代，人证就别说了，也没有书面记录，只能根据民俗学资料或为数不多的花街史料进行推测或判断。资料称，当年的花街女性使用形似兜裆布的丁字带，或将红绸卷成纺锤形用作卫生棉条，洗净后反复使用，但花街的资料只能反映花街的情况。当时的"处女"不能用这样的"卫生棉条"。那普通女性都用什么呢？看重贞操的武家女性和有青年男女婚前混住习俗的农家女性又有怎样的差异？……想解开的问题不少，可惜都没有资料。

能否获取资料是提问环节的一大要点。无论你多么想了解死刑犯的内心世界，也无法进入监狱采访。如果问题是"死刑犯的最后一餐是什么"，说不定还能通过采访狱警找到答案。想研究瘾君子也一样，无法接触到研究对象就只能作罢。研究秘密社团或封闭的当事人团体，或许还能打入内部获取资料，但后面要想公开掌握的资料，又会让难度更上一层楼。

分解成更小的问题

问题还有大小之分。"全球变暖将走向何方"就是一个非常大的问题，恐怕在你有生之年都无法得出解答。在自然史的时间维度发生的事情对人类来说也许是大问题，但对地球而言可能无足轻重。不过我们可以把大问题分解成小问题。因为大问题往往由一系列小问题组成。

好比"日本大众媒体是如何报道全球变暖问题的",就可以在一定的时间和范围内做出解答。毕竟"全球变暖"是一个相对较新的词,登上历史舞台的时间不长。大众媒体种类繁多,可限定为"拥有数据库的全国性报纸",检索有"全球变暖"一词的资料即可。近来有了搜索引擎这一利器,收集资料还是相对轻松。不过,一个人能处理的资料量很难过千。

20世纪90年代,上野研讨组有个学生写了一篇以"AV的社会史"为主题的毕业论文,他的提问思路给我留下了深刻印象。众所周知,AV在70年代前后才在日本出现。家用录像机在同时期问世,早期的AV就是作为它的促销赠品普及开来。因此,他只需要追溯最多二十余年的历史。而且这方面的研究几乎是空白,这篇论文也带来了喜人的"赠品",让他一跃成为该领域的先驱。

我不厌其烦地提醒学生,"提可以回答的问题","提自己搞得定的问题","选择可以获取资料的研究对象"。

越是缺乏经验的初学者,越是容易把包袱皮摊得太大。要想提好问题,关键在于掌握"叠包袱皮"的诀窍。这就是所谓的"聚焦"或"缩小范围"。

也许有些学生想挑战更高难度的问题。但研讨组的"演习"旨在让大家体验提出问题并给出解答的过程。一旦掌握解题方法,便能灵活运用。先用简单的问题练手,再逐步提高难度,挑战更大的问题就是了。

研究乃极道

还有一点很重要。

那就是要提不属于他人、专属于自己的问题。

在指导研讨组时，我给自己定了一条规矩：无论学生提什么问题，都不评判其价值大小或优劣。因为所有问题都是自己的问题，我的问题不是你的问题。没人能够解决别人的问题。

It is none of your business（不关你的事）——英语里有这样一句话，而我的观点是 It is your question, but none of my question（这是你的问题，不是我的）。这似乎与"生产信息就是生产对知识共同体有价值的公共财产"相矛盾，但我之所以强调要提出专属于自己的问题，皆因研究是一项烦琐、耗时又费力的工程。没有想解开的问题，就无法坚持走完这个麻烦的过程。哪怕一个问题对其他人没有意义，只要对研究者自己有意义，就能收获名为"满足感"的回馈。"哦，原来是这样！"——对做研究的人而言，没有比这种豁然开朗更有价值的回报。

我总是用这样的态度对待学生，学生也因此提出了绝不会在其他研讨组出现的主题，有些天马行空，有些直教人皱眉。从"如何度过平安夜"这种无关紧要的主题（但我从不会说问题毫无价值）到"（对自己来说）最色情的性行为是什么""顾客在恋爱风俗店买的是什么"……什么样的问题都有。"嗯，没人做过这方面的研究，你只能自己收集资料了。"我这样说着，鼓励学生自己研究，而他们也根据一手资料拿出了令人信服的研究成果，离巢毕业。

据说有些研讨组是老师设定主题分配给学生，但我从不这么做。与所谓"调查学习"不同的是，我也从不会让学生收集现成的二手信息，弄出几篇谁来写都大同小异的报告。从这个角度看，上野研讨组营造出了少有压抑（即容易产生噪声）的环境，个性人才辈出的原因也许就在于此。

我的问题我来答

再聊聊"当事人研究"吧。

当事人研究源于北海道浦河町的"伯特利之家"❶，不过我看到的第一反应是"那不是我们用了很多年的法子嘛"。当事人研究，说白了就是"我的问题我来答"。女性学就是一门由女性自己来解开"女性"这个谜团的学问。如今回想起来，我们也算是当事人研究的先驱了。

回顾一下女性学遭遇过的阻力，就不难想象当事人研究在学术界面临怎样的障碍。阻力是认可的反作用力。如果连阻力都没有，那就证明当事人研究还没有得到学术界的认可，只是被看作精神障碍患者的一种"生存技巧"，类似社交技能训练的心理疗法，只是自称作"研究"罢了。如今，女性学在学术界

---

❶ 位于北海道浦河町的协助精神障碍患者自立的援助组织，由"当事人研究"的发起人、社会工作者向谷地生良等人创立，他的代表作有《伯特利之家的"非"援助论》（2002）、《伯特利之家的"当事人研究"》（2005）等。

已经站稳脚跟，成立了学术团体，拥有了学术期刊，争取到了研究所、讲座、职位和研究经费，但当事人研究能否走上同样的道路还是个未知数（上野，2017）。

提问就是提出一个问题，而问题可以是 question，也可以是 problem。女性学从女性问题 ❶ 出发，但它不仅是关于女性的问题（problem），也是女性提出的问题（question）。

对我来说，身为女性就是一个巨大的谜。只因为是女性，就会在社会上遭受他人不合理的对待。我想解开这个谜，却发现以往的研究尽是些"男人教你识女人"的玩意儿，"老子最了解女人，你乖乖听着就是了"的态度跃然纸上。那些研究不仅无法说服我，还充斥着男人对女人的妄想，让我十分反感，心想"你们还真是自我感觉良好啊"。

女人是什么样的人，她们经历了什么，有什么感受，女人自己最清楚。由女性开展的女性研究之所以少，是因为学术界的女性研究者的绝对数量少。于是我们开创了"由女性开展、为女性服务、关于女性的研究"（studies on women, by women, for women），女性学就此应运而生。❷

---

❶ 女性学创立之初，学界因为当时已经有人研究所谓"女性问题"，认为没有必要创立女性学。但日本女性学先驱坚持，以往的女性问题研究（如性产业女性的改造问题、劳动女性的生育障碍问题等）是将女性本身视为问题（problem），女性学则主张女性不是问题，相反，女性要向这个社会提出问题（question）。——编译注

❷ 井上辉子（1980）将原本不过是"关于女性的跨学科研究"（interdisciplinary studies on woman）的领域命名为"女性学"，并将其定义为"由女性开展、为女性服务、关于女性的研究"。

"女人研究女人过于主观""不中立就不算学问""男人怎么就不能研究女人了"……女性学刚成立就遭到各方批判。学术界对"中立"与"客观"的信仰至今根深蒂固，甚至有人当面对我说："女性学？那算哪门子的学问？"

当事人研究的立场便是"我就是我自己的专家"。女人最了解女人，那就让我们女人来研究女人吧——女人从学问的客体转变成主体，于是才有了女性学。"我居然能把自己当作研究对象？"我在初次接触女性学时的茅塞顿开还历历在目。因为在那之前，我也一直认定学问就应该是中立和客观的。

所以，问题首先得是自己想问的问题。

研讨组曾有个学生抛出这样的疑问："老师，问题到底是什么呢？"有时候，越是简单的问题，越能直白地引出最根本的答案。我下意识地回答："就是揪着你不放的东西。"这个脱口而出的回答让我自己都惊讶不已。

从小到大，"身为女人"就是揪着我不放的谜团，所以我决定把它当作研究问题。再加上我的母亲是个家庭主妇，还是个不幸的家庭主妇，我接二连三地发问："家庭主妇是什么？是干什么的人？""为什么女人会成为主妇？""成为主妇会遭遇什么？"……在这个过程中，我意识到"家庭主妇"是一个深奥的研究主题。我的著作《父权制与资本主义》（1990/2009）正是通过家庭主妇，揭露了近代社会的结构。女人当家庭主妇在当时被认为"理所当然"，所以从未有人认真提过这个问题，既有研究也很少。

同理，身为身心障碍人士、在日韩国/朝鲜人、性侵受害者……也可能是揪着你不放的问题。在外国出生长大的日本女性说，"身为日本人"是比"身为女人"更大的谜团。每个人想要解答的问题形形色色，取决于所处的环境和人生经历。遇到自己真正想解答的问题是研究者莫大的幸福。不是自己真正想解答的问题，也无法全身心投入研究。

学问乃极道

我常说学问是一条只求自己痛快、至死方休的极道。有人把做学问比作"穷人的消遣"，但做学问费时费力又费钱，与"穷人"实在不搭。而我之所以用"极道""消遣"这样的字眼，其实是为了告诫自己：别以为和音乐戏剧等各种各样的"极道"相比，学问能有多少特殊的价值。因为若是不加约束，做学问的人往往会自高自大，误以为学问处于人类各种文化事业的金字塔尖。

提问永远意味着"提自己的问题"。那个问题不能是谁塞给你的。所以我时常提醒那些抱怨研究得不到回报、换不来职位的研究生："你走的是解答自身问题的极道，问题又不是别人强加给你的，你又能怨谁呢？世上还有比这更奢侈的事吗？"

第二章

打造海图般的研究计划

3 批判性回顾既有研究

何谓既有研究

研究的起点是提问,即所谓的"研究问题"。

值得研究的问题必须是可以回答、自己搞得定、可以在经验层面验证的问题。有关存在和宗教的问题不适合当经验科学的研究主题。

有了问题之后……我们得先做好思想准备:这个问题连我都能提出来,肯定早就有别人提过类似的。提出完全原创、没人提过的问题难于登天。你以为的"原创"可能只是无知,只是你不知道别人早就尝试过。

别人提过的问题与解答……的集合,在学术界被称为"既有研究",即已经存在的、以文字撰写的研究成果的集合。

回顾既有研究是为了搞清楚自己提的问题已经被解答到了什么地步,哪些还没有得到解答。如果解答已存在于某处,只是你不知道,那就是单纯的无知。如果问题有了解答,而且你也认同，那就没有必要再追究下去。不知道已有解答，只顾着钻研自己的问题，呕心沥血解开后发现和既有的解答一样……真遇到这种情况，我也只能跟你说"辛苦了"。在这个过程中，你收获了满足感，但没有为公共知识财产（学术界）贡献任何价值。❶

研究好似突变，不会发生在信息的真空地带。你提出的问题，往往衍生自过去接触和掌握的海量信息的积累。

如第一章所述，信息产生于文本夹缝间，属于一种噪声。因此，了解既有文本的内容就是孕育新信息的条件。文学文本与研究论文的重要区别在于有无参考文献。参考文献是既有研究的清单，是这篇论文背负的信息集合。照理说，文学作品其实也背负着许多既有文本，只是人们遗忘了或没有意识到。

要了解既有研究，最简单的方法就是顺藤摸瓜，追溯那些影响了你、让你感到不对劲或抗拒的文本中提到的参考文献。一旦踏上参考文献这座高山，前方就会出现其他论文的参考文献。参照文本织就的巨网，你会逐渐认清哪里有什么，哪里没有什么。这就是所谓的互文性，即多个文本之间引用、影响、对抗的关系。任何文本都不产生于真空地带。信息生产就是为这样的文本库增添新元素的过程。

我反复强调，做学问（公共知识财产）必须遵守一条规则，那就是公开自己的研究背负着哪些既有研究。就跟写食谱一样，

---

❶ 当然，科学界有"复制性研究"，确认能否用其他资料得出同样的发现，这种研究也很重要。

你要告诉读者：只要凑齐这些材料，按照食谱的步骤操作，就一定能再现这种味道。知道材料是哪些，却无论如何都复制不出来，这样的秘技与大师绝艺（当然，这种情况在学术界也很常见）属于艺术的范畴。研究者终究只是工匠，所以研究是可以学习（模仿）和传授的。

如第一章所述，原创性离不开对既有信息的了解。掌握海量信息的人被称为"博学"或"有学识"。单有学识无法催生出原创性，原创性又需要一定的学识。其实学识与原创性并不矛盾，而是相辅相成。

回顾既有研究

追溯既有研究的过程被称为"回顾"，那具体该怎么操作呢？

今时不同往日，可以在网上轻松检索电子资料，只需从自己的问题中挑出几个核心关键词，搜索书籍、杂志或行业专刊即可。想当年，期刊论文只能通过索引查找，相当费时费力，现在只要往电脑跟前一坐，资料就到手了。所以写论文的时候，我们也应当列出容易检索的关键词。近年来，行业专刊和学术期刊的数字化发展迅速，直接获取电子资料也不是难事。在图书馆不停复印检索到的论文曾是研究者的重要工作之一，光是看到复印纸堆成小山都能生出些许成就感来，但那个时代已经一去不复返。

回顾既有研究时须注意以下三点：

（1）光看书是不够的。一个想法需要好几年才能以书籍的形式出版，信息在此期间变得陈旧过时也是常有的事。论信息的新鲜度，大众杂志、爱好者杂志和行业专刊远胜于书籍。被媒体报道或出版成书的信息往往已是业内常识。许多专家头衔的人扮演着转辙器的角色，向大众普及行业信息。什么问题都有相应的专家，了解他们已经探讨过什么是至关重要的。

（2）话虽如此，窝在专业领域闭门造车也很容易遗漏既有研究。学术界愈来愈交叉融合——不仅跨学科（interdisciplinary），还会超学科（transdisciplinary）。以"进食障碍"为例，许多人的第一反应是认为它属于心理学或精神病学的范畴，但社会学和文学也研究进食障碍。最近还有人提出"进食障碍的人类学"（矶野，2015），说不定以后还会出现"进食障碍的政治学""进食障碍的哲学"。把同一个主题放在不同的领域与脉络中，或许会发现出乎意料的问题和解答。

（3）下一步就比较难了：请大家克服语言的障碍。能用日语检索的只有日语圈的信息。倒也不必精通各国语言❶，但至少要懂得用全球通用的英语检索关键词——毕竟英语圈已不仅仅是盎格鲁-撒克逊国家，而是全世界。反之，由于语言这一非关税壁垒的存在，用日语发布的信息无法传播到日语圈之外。纵横全球的谷歌搜索出来的也仅限于英语。任你如何撒泼哭闹，都无

---

❶ 不要求大家直接阅读原版的外文文献。日本是翻译大国，各种语言（包括小语种）的文献都能找到日语版，从这个角度看，日语是一门性价比很高的语言，只要掌握日语，就能通过日语获取世界各地的信息。英语确实是世界通用的语言，但许多文献是先被翻译成日语，然后才出英语版。有些汉字文化圈的研究者甚至会通过学习日语了解世界。

法摆脱英语帝国主义的现实。所以用英语传递信息尤为关键。

平庸的问题存在大量既有研究

世上的信息何其多，大家一试便知。上网检索时，即便输入多个关键词加以筛选，也会被铺天盖地的信息搞得晕头转向，在信息的汪洋前望而却步。

既有研究常有以下特征。

谁都能想到的平庸问题，往往存在大量的既有研究。不太有人想得到的问题，则鲜有前人的研究可供参考。假设你提出的是"全球变暖问题"。这确实是尚无解答的问题，然而规模太大，难以招架。而且该领域存在海量的既有研究，光输入这些研究成果就得花上一辈子。此外，该领域还积累了各种语言的信息。这种庞大的问题往往都有对应的专家或行业团体，他们积累了详尽的数据，几乎把所有时间都用在相关研究上，你根本毫无胜算。注定要输的比赛，又何必硬着头皮参加。

要是把问题聚焦到"全球变暖对苹果产地青森产生的影响"呢？据说气候变暖影响了苹果色泽，加上厄尔尼诺现象导致台风意外北上，大批苹果种植户在收获前夕遭受重创。如此限定一番，便能大幅缩小既有研究的范围。话虽如此，研究气候与农产品变化也需要长期积累科学数据，而且这是关乎产地生死存亡的大问题，青森县产业技术中心和农业协同组合怕是早就在研究了。一查才知道，青森县产业技术中心下面甚至有座"苹果研究所"。

改成"青森县苹果种植户眼中的全球变暖对策"呢？就算找不到一锤定音的对策，但兴许能摸清苹果种植户的烦恼。这还是搞得定的。既有研究应该也不多。说不定还能分析一下县政府、农业协同组合、种植户和销售渠道等利益相关方对这个尚无解答的问题是如何试错并遇到哪些课题，由此揭示今后的发展方向。

"既有研究多"意味着"信息量大"。这些信息能为研究带来一定的助益，但发挥原创性的门槛也会相应变高。反之，"既有研究少"意味着"缺乏能用作线索的材料"，不得不摸黑前行，不过研究的自由度也会相应变高，不必受过往积累的束缚。最关键的是，你可以成为该领域的先驱。毕竟没人跟你竞争呀。但与此同时，你也必须面对旁人"为什么要做这么奇怪的研究啊"的猜疑，忍受不被理解的孤独。

一桥大学教授佐藤文香女士是日本"军事与性别"（佐藤，2004）研究的领军人物。她在近二十年前选择研究自卫队中的女性时，几乎没有前人研究可供参考。旁人不理解她为什么要做这么小众（没销路）的研究，她只得孤军奋战。相关研究几乎一片空白有以下几个原因：

第一，关于自卫队的研究即便有，也仅限于军事史和组织论的领域，没有人从性别角度切入，女性在军队中又是绝对的少数派，是一个"隐形"群体。第二，在性别研究领域，军队这个"女性勿入的集体"一直被排除在视野之外。不仅如此，女性群体根深蒂固的和平主义也使她们在面对"军队中的女性"这一主题时踌躇不前。第三，在日本，研究自卫队被视作政治上的禁忌——自卫队不是军队（据说连"军力"这个词都不能用，只称"实力"），一旦承认自卫队是军队，就等于认下了一个有违宪之嫌的军事组织。❶尽管世界上有很多男女皆有的军队，"军队与性别"也是国际上备受关注的主题，佐藤女士撰写博士论文的时候却连"军队与性别"这个标题都用不得，只能改用"军事组织与性别"这般模棱两可的说法。因为一旦用了军队一词，那就是承认"自卫队＝军队"。❷

佐藤女士将博士论文出版成书时，书腰上的荐读寄语便出自我之手：

> 男女共同参军是男女平等的终极目标吗？就在人们关注驻伊美军女兵时，日本自卫队中的女性自卫官也在稳步增多。女人像男人一样上战场已不再是噩梦，而是现实。挑战女性主义头号禁忌的本格派社会学家闪亮登场！

我自认这段写得还挺妙。（笑）正如那时的预言，佐藤女士如今已是自卫队性别研究领域的第一人，更是全球"军事化与性别"研究者网络的关键人物之一。

---

❶ 《日本国宪法》第九条规定日本不保留陆海空军及其他战斗力，因此自卫队在法律意义上仅作为部队，虽有部分的军队实际职能，但在预算和装备上受限，并非正式军队。——编译注

❷ 就在日本研究者受困于禁忌之时，已经有德国女性学者着手研究日本的自卫队（Frühstück，2007）。

没人提过的问题

说起"没人提过的问题",我想到一位令人难忘的学生。她选了"堕胎"作为毕业论文的主题。这意味着她将面临被同学视为"过来人"的风险,她明知山有虎,偏向虎山行。当时女性学总算开始讨论堕胎,于是我给她推荐了几本相关的书。一星期后,她来研究室还书,说"这不是我想做的研究"。她真正想解答的问题是"堕胎后如何重启性生活"。我也意识到,这对她来说是一个非常迫切的问题。

唔……我读过不少关于堕胎的文献,但还是孤陋寡闻,从没见过关于这个问题的既有研究。而且在那个年代,做堕胎手术的女性根本不敢问妇产科医生"何时/如何重启性生活才好"。至于女性和导致她们堕胎的男性之间的心理创伤和抵触有多难克服,也没有任何研究触及过。

何止堕胎,那时丈夫会露骨地鄙视手术切除乳房或子宫的妻子,认为她们丧失了女性的象征,"不再是女人",抗拒夫妻生活。后来我看到一篇关于女性与健康的美国文献提到"女性如何在妇科手术后重拾性方面的自信"。作者给出的方法是,"与丈夫之外的男性发生性关系"。如此实用的建议看得我目瞪口呆,却也深感佩服。

我告诉那位女生:

"真伤脑筋啊,你的问题没什么可供参考的研究。看来你只能自己收集资料,从头研究起了。"

她也确实是这么做的。她采访了几位经历相仿的同龄女生,写出一篇自己满意的论文，最后顺利毕业。

跨越学科与领域

再提几个回顾既有研究时的实用建议吧。

选定研究对象后，还需要有与之匹配的研究方法。检索研究对象的关键词（在上面的例子中就是"自卫队"和"女性"），可能也无法获取太多信息。但直接研究对象的信息较少也无妨，还可以学习类似领域的其他对象的研究方法。如果你研究的是"自卫队与女性"，那么"北约与女性""美军与女性"等领域的研究就能起到很大的帮助。组织论、经营学说不定也能带来些许启发。暂时跳出军队的主题，将自卫队视作职场来探讨女性的处境，你会发现也能与综合职位和一般职位❶的区分相呼应。跨学科、跨语言的重要性就在于此。

其实，面对海量的既有研究时茫然自失也是常有的事。要研究自卫队，就得先了解战后政治史，还有旧式军队传承下来的组织、人脉、安保政策、日美关系、军事史、装备、训练情况……但只要研究的问题足够明晰，你就能辨别哪些信息对自己的问题是必要的，哪些不必要。所谓问题，就是截取现实的角度。没法纳入这个视角的东西可以先放在一边。

---

❶ 日企的正式员工一般分为综合职位和一般职位。综合职位可理解为管理岗，经常调职，晋升机会大，男性居多。一般职位是内勤文职，可被非正式员工替代，女性居多。——编译注

保持"批判性"

用一个重要的问题收尾吧。为什么"回顾既有研究"要加上"批判性"这个前缀呢?

如果你被海量的既有研究说服,接受了前人的解答,也就没有必要再去回答那个问题。"批判性"意味着你并不满意既有的解答。原创性就是与既有事物之间的距离、不协调和差异。自己的问题被既有研究解答了八成,但剩下的两成既没有人提问,也没被解答——无论读什么书或论文,你一定会产生这样的感觉。

因此,上野研讨组一直致力于培养学生的批判习惯。哪怕是学界泰斗写的论文,也要训练自己带着批判的眼光阅读。觉得"自己被说服了""无话可说"的学生当然也有,但事实并非如此。韦伯解答的是韦伯的问题,福柯解答的是福柯的问题。没人能替你解答你的问题。你提出的问题中,理应还残留尚未解答的部分。

批判性是看穿"那里缺了什么",而非总结"那里有什么"。批判不是死皮赖脸的强求。要想找出欠缺的东西,必须具备在空白中创造新视角的构想力。一丁点微小的指摘足矣。这里还差一点,那里论证得不够,这段我看不惯,那样无法说服我……就这么简单。

上野研讨组的文献讲读从不要求归纳概括,也不允许归纳概括。

文章作者就是最佳解读者。没人能代替作者给出更出色的解读。所以我向来建议学生多读作者本人撰写的原文（篇幅再短小也无妨），而不是所谓的讲解与入门读本。考分高的优等生受过多年"阅读下文并以××字概括大意"的训练，然而概括文本不会产生任何的价值。正确答案固然必要，但在某些情况下，原创性甚至源自对文本的误读。阅读文本后与文本之间的距离就是原创性的源头。来上野研讨组旁听的人常会被本科生口无遮拦地批判埃里克·埃里克森和布尔迪厄的场景惊得瞠目结舌，但我觉得这样很好。因为批判永远是后来者的特权。

图表3-1是上野研讨组使用的文献报告格式。

没有经验的学生不知道文献报告该怎么写。听到"不做摘要，只写评论"的要求，有人甚至会交来跟小学生有得一拼的阅读心得。没有格式，学生必然是想到哪里写到哪里，于是我干脆制定了一套格式，告诉他们文本该怎么读。仔细观察其中的项目，这套格式其实是对研究论文结构的倒推和拆解，相当于把论文放在了解剖台上。

论文是最后的成品。像分解建筑物的零部件那样分解论文的组成部分，你就会意识到任何论文都没有秘密可言。要写出高水平的论文，最好的方法莫过于多读高水平的论文，所以大学才会开设文献讲读课，但以往的讲读方法颇有些学徒制度的遗风，不过是让学生站在师父身后偷师学艺。用这种化整为零的格式阅读，即便是写得出神入化的论文，也能把它当成建筑去拆解。接着学会将拆解出来的零部件重新组装起来，自行构建类似的建筑就行了。

负责的文本：
报告人：
作者介绍：

1. 主题
2. 对象
3. 方法
4. 验证的妥当性/发现/意义和效果
5. 方法的局限性和问题点
6. 其他评论

撰写注意事项：
①不做摘要
②作者简介
③本文在研究史上的定位
④问题是什么？
⑤研究对象和方法是什么？
⑥发现的内容是什么？是否具有妥当性？有何意义？
⑦分析中存在哪些问题？方法有何局限？有何批判点？
⑧论据、文体与表达是否恰当？
⑨本文有无发展及应用的可能？

图表3-1 文献报告的格式

别指望导师

在京都大学读研时，我与研究室的主任教授处得不好，只得天天往没有利益冲突的邻近领域研究室跑，寻求其他老师的庇护。教育学的笕田知义老师和人类学的米山俊直老师对我多有照顾，社会心理学家木下富雄老师的一番话更是让我至今难以忘怀。

有一次，我跟木下老师抱怨自己的研究得不到旁人理解，也找不到愿意指导我的导师，他却斩钉截铁道：

"别指望自己的研究能找到指导教官。真找到了，那就说明你的研究压根儿不值得做！"（当时国立大学还是官办学校，老师被称作"教官"。）

我恍然大悟。木下老师在日本开辟"社会心理学"这个新领域，并且一路当上教授，其为人在这番话中也体现得淋漓尽致。于是我后来也成了开辟"女性学"这一新学术领域的先驱。

不过，本章的侧重点还是"提问"。毕竟，回顾既有研究是为了搞清哪些问题还有待提出，哪些问题值得一问。

在论文中，对既有研究的回顾排在提问之后，但实际情况是，我们往往要先积累既有研究，才能找到自己该提的问题。

如前所述，俯瞰既有研究的论证结构并总结归纳的论文被称为综述论文。在学术界，写出周到详尽的综述论文也是一种成就，但止步于此就不算是做研究。即便是做学术史，也需要思考如何将既有文本放入其他脉络，展现出一定的原创性。

批判性地回顾既有研究，不过是证明问题的正当性并进入正题的前提条件。真正的原创性，在于回答既有研究尚未解答的问题。

4 撰写研究计划

预告你要做的研究

有了问题,就该写研究计划了。

研究计划就像是向第三方声明"我接下来要做这样的研究"。对研究者自己而言,研究计划则发挥着指南针的作用,指明前进的方向。毕竟,研究一个尚无解答的问题无异于在没有海图的情况下出海。没有指南针,又怎么知道该往哪儿走呢?

研究计划有固定的格式,不能随便乱写。每个研究生都得写,争取研究经费也少不了研究计划。学术界是个很有意思的行业,不是根据成果给出报酬,而是根据研究者的预告("我会做出这样的成果")先行投资,就跟买期货似的。

如今大学普遍经费紧张,研究者不得不去争取文部科学省[1]的科学研究费(出自国民的税金)与民间财团的资助,名

---

[1] 日本中央政府行政机关之一,负责统筹日本国内教育、科学技术、学术、文化和体育等事务。——编译注

曰外部资金。所以研究计划必须写得魅力四射，引得金主掏钱。

在这里，研究这项个人的极道将与社会产生交集。不受任何人委托的个人研究主题是不是值得第三方投资、有没有公共价值，都将在这个环节得到评判。研究既费钱又费时。尤其是实证研究，单靠纸笔是做不了的，必须出门做田野调查，还得配备录音摄像器材。所以研究绝不是穷人的消遣。要纳税人埋单，就得生产出能够回馈纳税人的研究内容。

由此，专业研究者可以说一辈子都在写研究计划。

研究计划的格式

研究计划的基本格式如图表4-1所示。格式基本固定，大同小异，最多就是项目顺序略有调整。

以下将逐一说明。

（1）研究主题
（2）研究内容
（3）理论假设与工作假设
（4）研究对象
（5）研究方法
（6）既有研究及相关资料
（7）研究设备与研究费用
（8）研究日程
（9）本研究的意义
（10）本研究的局限性

图表4-1 研究计划（标准版）

(1) 研究主题

妥当表述自己的研究主题尤为重要。主题应控制在一行以内。可以加副标题，但若能在一行内解释清楚，那当然是没有副标题更好。"为什么上门护士难以增加"，像这样言简意赅地表述，就足以让读者明白研究是关于什么的。

最糟糕的莫过于"高大衔接的各种问题"[1]这样的主题。看到"各种问题"就能直接判出局了，因为它毫无意义。"高大衔接的课题""关于高大衔接"也让人看不出作者想表达什么。如果改成"为何有必要开展高校新生适应性教育——浅谈高大衔接"，问题就会稍微清晰一些。

(2) 研究内容

研究主题要控制在一行以内，最多两行，然后在两百字以内对主题加以说明。以高大衔接问题为例：

众所周知，许多如愿考上大学的新生因无法适应校园生活出现了种种心理问题。近年来，人们逐渐认识到高中和大学有着完全不同的教育体系，有必要开展新生适应性教育帮助新生完成过渡。本研究将结合实际事例阐明新生适应性教育为何必要，有何效果，有哪些课题尚待解决。

---

[1] 高中与大学的教育衔接问题。近年来，随着大学入学率提高，不适应大学教育环境的学生也在增多，成为社会问题。

研究内容这样写，读者一看便知你接下来要研究什么。

(3) 理论假设与工作假设

假设，说白了就是"偏见"与"预判"。因为没有人能在完全空白的状态下启动研究。早在提问的时候，研究者就有了预判，这也是问题得以成立的前提。

继续以高大衔接问题为例，如果研究者预判的原因是"过度激烈的高考竞争导致精力耗竭"，那是心理层面的问题。如果研究者认为原因在于"大学里没有班主任也没有班级，导致学生孤立无援"，那就是组织层面的问题。如果是素养教育质量低下和上大课造成的负面影响，那就是教学计划的问题。如果是人人都能上大学的时代背景催生了跟不上教学进度的学生，需要探讨的就是学习能力的问题。问题可能是某个因素导致的，也可能是多个因素的综合结果。每种因素都有不同的研究方法，需要回顾不同的既有研究，收集不同的信息。

如果理论假设是"过度激烈的高考竞争导致学生精力耗竭，难以适应大学的学习生活"，那么工作假设就是要把理论假设替换成可检验的经验命题。上述假设可以还原为"过度激烈的高考竞争"的制度性问题，但也不是所有学生都适应不良，因此比较有过度高考压力的学生与没有这一压力的学生，便可有效验证结论。由此，工作假设就是"复读生比保送生更难适应大学的学习生活"。因为我们可以推断复读生的竞争压力更大。如此一来，便能设定具体的对象并开展检验。如果你预判问题

49

出在组织层面，认为是"入学后的孤立造成了适应障碍"，那就只需证明"班级/班主任制度的有无会影响学生的适应程度"这一假设即可。有些大学引进了班级/班主任制度，有些大学没有，可以比较这两者，或比较同一所大学引进前后的变化。

选择的对象、采用的方法视假设而定。但无论哪种情况，都会有一系列问题蜂拥而来："精力耗竭"是什么样的状态，要如何测定？何谓"适应"？"适应程度"要如何测定？……我们必须做好回答这些问题的准备。

这就是"假设验证型"研究。针对研究问题预先准备可能的答案，再通过出示经验证据来证明其正确与否。如果假设是正确的，便能得到验证。如果假设是错误的，则会在此过程中被推翻。假设也可能部分正确，部分错误。发现假设之外的现象或因素也是常有的事。对于研究者来说，最令人欣喜的报酬莫过于与假设相悖的新发现。

你说你提不出假设？有个小窍门不妨一试。假设是预判与偏见的别名，没人会不带海图贸然航行……话是没错，但面对一个不太了解的对象时，"这到底是什么啊""那里发生了什么"，这样的好奇心也可能成为探索的出发点。在这种情况下，被问到"你的假设是什么"时，确实难以回答。假设不一定出现在研究之前，也可能在研究过程中甚至在研究之后才浮现。箕浦康子女士给这种研究起了一个绝妙的名字——"假设生成型"[1]。

---

[1] 箕浦女士于东京大学教育学部长年开展以田野调查为核心的研究指导，培养出了大量优秀的研究者（箕浦，1999）。

所以以后再有人问起"你的研究假设是什么"而你又答不上来时，回答"我做的是假设生成型研究"就行了。（笑）

（4）研究对象

敲定了问题和假设，为证明或推翻假设服务的研究对象和方法也会随之确定下来。对象与方法是"成套"的，其组合有"合适"与"不合适"之分。

以"高大衔接问题"为例。如果以报刊媒体的报道为研究对象会如何呢？媒体是别人加工过的二手信息的集合。我们通过媒体获取的都是经媒体加工的信息，只能从中了解到"高大衔接"从何时开始被视作问题，媒体又是如何描述相关现象的，而这充其量不过是"媒体研究"。只需检索关键词就能获得大批相关资料，而且这些资料是有限的，分析起来也很容易，但再怎么研究媒体（之后会谈到这其实是一种"话语研究"），了解到的也只是媒体的情况，而不是大学和学生的实际情况。

一手资料的重要性可见一斑。要获取一手资料，我们可以采访各所大学致力于解决高大衔接问题的负责人，或者开展问卷调查。研究先进案例也是方法之一。不过能通过这些方法掌握的仅限于校方的对策。我们能借此了解到大学如何看待这一问题，但其观点是否恰当、衍生的对策对学生是否奏效等，则须另行验证。

高大衔接问题究竟出在大学这边，还是学生这边？莫非两边都有原因？……我上大学的时候，学校对学生完全放任自流，无论是天天窝在宿舍不出门还是干脆辍学，都是学生自己的责任。大学把学生视作成年人，因此不设班级或班主任制度，更不会向家长通报学生的成绩或出勤情况。现如今却是学生带着爸爸妈妈爷爷奶奶参加入学典礼的时代。"学生幼儿化"的说法由此而来，认为心理年龄偏低的学生难以适应传统的精英养成型大学的放任式教育体系。这个观点可称为"心理还原假设"。在这个假设下，我们需要收集用心理量表测定学生成熟度的实证数据，并对比往年数据，考察"幼儿化"是否加重。此外还需要证明学生的成熟度与入学后的适应程度高度相关。即便是简单的假设，证明起来也费时费力。

大学升学率一提高，客户（市场）随之改变，大学也不得不做出应对。高大衔接问题的例子足以体现出，只要假设一变，对象与方法的组合也会随之骤变。

(5) 研究方法

与研究对象成套出现的研究方法又称调查方法（survey method），指收集资料的方法，这与研究的方法论（methodology）是两回事（详见第 6 节）。

如前所述，资料有一手和二手之分。图书馆收藏了大量加工过的二手资料。因此在图书馆收集既有信息的行为被称为图书馆调查。现在大概得改称互联网调查了吧。

信息还有流动（flow）和库存（stock）之分。图书馆是存放"库存信息"的地方。信息不被调用就会沦为滞销货，所以流动信息显然优于库存信息。图书馆调查也是调查，但获得的信息终究是经第三者之手的二手货。总结归纳得再精妙，也算不上原创性研究。以不同的方法重新分析既有信息，得出焕然一新的结论当然也是可行的，不过既然要做经验研究，那还是努力收集不属于任何人的一手资料吧。

在这个环节，我们需要规划向谁（从哪里）收集什么资料、收集多少、如何收集。关键在于之前提到的获取资料的可行性：需要的信息在哪里，有多少，能否获取，数量与质量是我们能驾驭的吗……假设你对"性侵加害者的研究"有兴趣，但接触研究对象的机会非常有限。无论你多感兴趣，这种研究的资料都无法获得或障碍重重，放弃才是更稳妥的做法。在选择研究对象与方法时，瞄准可达性更高的领域才是明智之举。在被问及"为什么选择这个对象"时，回答"因为可达性高"一点都不丢人。

"烦恼咨询反映出的社会变迁"是一个常见的研究主题。感谢时代的发展，如今我们可以检索报纸的资料库，获取资料的难度大大降低。那应该选择哪个媒体呢？《读卖新闻》的"人生指南"专栏在 2016 年迎来百岁生日，是历史最悠久的烦恼咨询平台之一，而且咨询者和回答者都挺正经的，因此我们不妨假设"该专栏内容反映了社会状况"（千万别选《朝日新闻》周六版 be 面的"烦恼熔炉"，看名字就不像个正经专栏）。搜索出来的结果足有几十万条，这么大的量显然是搞不定的，需要进一步细化。

细化的方法包括限定时间、主题、咨询者的性别和年龄等等。如此一来，便能研究"从烦恼咨询专栏看日本推行长期护理保险制度之后的照护问题"等主题。长期护理保险制度的出台对照护领域产生了很大影响，因此我们可以将时间限定在制度推行后的十八年间，咨询内容限定为照护相关，这样便能有效控制需要分析的资料量。

不过抽样偏差也是不容忽视的问题。"报纸的读者"是怎样的群体？《读卖新闻》的读者又有怎样的特征？什么样的人会特地给烦恼咨询专栏投稿？年轻人早就没有读报的习惯，也许这项研究只能揭示中老年群体的动向。而且专栏呈现的内容是报社筛选和编辑之后的结果。说不定这项研究会带来出乎意料的发现——"报纸已无法反映社会状况"。

学生给出研究对象与研究方法时，我会追根究底地问，"要问谁""样本有多少""可达性高吗""是你搞得定的数量吗"……总之，做"能做的"，而不是"想做的"。从眼前搞得定的课题做起，品味"哦，这样就能研究出来了"的成就感才是重中之重。

(6) 既有研究及相关资料

既有研究的要点详见第 3 节。关键在于充分了解可获取的资料（包括一手资料和二手资料）在哪里、有多少。提前了解这些情况，会让即将开启的无海图航行更安全。站在研究计划评估者的角度看，这就是判断提问者有多少知识储备、问题提得是否恰当、有没有可能得出解答的依据。

（7）研究设备与研究费用

正如我反复强调的那样，做研究费时费力又费钱。在争取研究经费时，这个项目是必不可少的，哪怕是学生的研究计划，我也会让他们写上这一项。虽然写了也拿不到什么钱，我提这个要求不过是为了让他们认识到，做研究也是有成本的。如果研究主题颇有吸引力，说不定还能拉到赞助。此举是为了培养学生的性价比意识，让他们掂量掂量自己的研究值得投入多少成本。

（8）研究日程

研究日程在我这儿也是必写项目。因为用一年解答的问题和三年、十年及至一辈子的问题，有着截然不同的规模。

大学的研讨组原则上以一年为期。学生必须在这一年时间里走完"提问 ⟶ 选定对象和方法 ⟶ 收集并分析资料 ⟶ 得出解答并写成论文"的整套流程。所以我要求学生把问题聚焦/缩小到能在一年内解答的程度。聚焦/缩小问题，说白了就是"叠包袱皮"。初学者提问题往往偏宽泛，必须学会如何将摊开的包袱皮叠小。在这个环节该舍弃什么、留下什么，衡量的标准永远都是问题的"初衷"。这就是为何我要不断强调必须提出明确的问题。

通过一年亲身体验并掌握问题的提法与答法之后，只需不断积累，就能解答更大的问题。能分析一年的烦恼咨询资料，分析战后七十年的资料也不再是天方夜谭。撇开数量不谈，方法总归是一样的。一年的研究成果大致能写成一篇期刊论文，篇幅约莫三四十页的四百字稿纸。近年来，论文和报告的篇幅要求往往以字数为单位（比如六千字、两万字），但就好像有些人更习惯用传统度量单位而非公制单位，我们这代人更倾向于把字数换算成四百字稿纸的页数，这样更容易对篇幅有一个直观的把握。

东京大学社会学专修课程的本科生需要在两年内写出一篇两百页稿纸篇幅的毕业论文（相当于一册新书开本❶的书）。先学会写三十页的论文，后面的事情就好办了。写上七章，每章三十页，加起来就够两百页了。本科生在新生说明会上听到这个篇幅要求都会瞠目结舌，而我总会安慰他们：

"放心吧，你们的师兄师姐都是这么过来的。（笑）"

这话不假。毕竟写不出来就毕不了业啊。

(9) 本研究的意义　(10) 本研究的局限性

研究计划到这儿还不算完，"研究意义"和"局限性"还没写呢。研究计划好似广告气球，用来昭告天下"我接下来要研究这个"。也许有人会问：八字还没一撇呢，哪来的意义跟局限？"研究意义"这个环节，是要提出这项研究成果会带来怎

---

❶ 日本主流开本之一，大致为宽 106 毫米、长 173 毫米，多用于学者以通俗易懂的形式普及人文社科类新知的书。——编译注

样的研究效益，能为社会做出什么贡献。毕竟研究还没正式启动，怎么宣传都行。

除了说明研究可以达成的目标之外，还要写明自己认识到研究有什么遗漏、问题能解答到哪个程度、哪些部分还无法解答。因为这样能体现出，你有能力明确自己的研究在学术界的定位。无须第三方评估，自己心里也有数，这种状态也有助于防御可能出现的种种批判。

假设你基于问卷调查研究"当代学生的性意识"。意识调查这种方法有天然的局限性，只能把握意识，无法了解行为。就算问卷中对意识和行为都有涉及，能搜集到的也仅限于自我申报的资料，不能反映实际情况。作答者只会回答被问及的事项，哪怕回答了问题，也可能掺杂美化或歪曲的成分。更何况是性这种私密性极高的主题，绝不能将问卷回答与事实轻易画等号。

在研究性骚扰这样的敏感主题时，尤其需要认识到这种局限性。我们固然可以用"以下哪些行为构成性骚扰"这样的问题开展意识调查，但若要开展"你经历过多少此类行为"的行为调查，则需要对不同性别设置不同的问题，比如问女性"有没有遭受过此类行为"，问男性"有没有做过此类行为"。而且，此类调查的结果能反映出男女之间的认知落差。回答"做过"的男性明显少于回答"遭受过"的女性，换言之，加害者与被害者之间存在性别导致的认知落差。如果将此解读为事实，就很容易招致"瞧瞧！性骚扰就是女人的被害妄想"之类的言论。

但反之也可以解释为"性骚扰的加害者往往不认为自己伤害了他人",反倒证明了加害者的麻木。总之,能通过问卷调查了解到的仅限于"自我申报"——这才是不争的"事实"。

研究对象和方法造成的局限也是不可避免的,比如样本量的大小、抽样偏差、样本代表性,有些能提前预见,有些则不然。

常有人鸡蛋里挑骨头,指责研究"这个点没问到""那个对象没采用",因此很有必要学会如何在这种情况下防守。研究者必须清楚自己"本就没有要问这个点(自然也没有得到答案)""此次调查没有采用某个对象"等研究设计中本就不存在的内容(所以也不会出现在结果中)。如此一来,在面对"缺了这个""少了那个"的指摘时,就不会惊慌失措了。明确了局限,同时也意味着你清楚研究的下一项课题是什么。

百密难免一疏,万一被人指出遗漏的局限性怎么办?分享一个防守妙招:

遇到这种情况时千万不要胡乱找借口,不妨如此回答:"多谢指教,请允许我用作今后的研究课题。"

未完成的研究计划

最后分享一个实例吧(图表4-2)。这是2009年从东京大学本科升入研究生院的上间爱同学在研一那年向研讨组提交的研究计划,虽没有完美到用作范本的地步,但足以说明,只要在大学参加过上野研讨组,就能写出这个水平的研究计划。研究主题是"探讨'非婚生子平权运动'中,家庭、个人与近代家庭之间的距离（异同）——在'近代家庭'之后到来的是什么"，将范围限定在"非婚生子平权运动"，副标题"在'近代家庭'之后到来的是什么"却是野心勃勃，暗示着小范围内的个案分析也有发现普遍规律的可能。这份研究计划的优点在于问题明确，研究对象和方法都在搞得定的范围，容易触及。研究的理论框架是近代家庭论，研究对象与方法是针对非婚生子平权协会的会报及相关文献开展话语分析，时间跨度为协会成立后的约四十年。因为跨度较长，研究做了时期划分，研究计划中也有相关预告。

1. 姓名：上间爱　　　　　　　　　　2009/05/28ver.
2. 所属：东京大学研究生院人文社会系研究科社会学专业硕士课程
3. 研究主题：
   探讨"非婚生子平权运动"中，家庭、个人与近代家庭之间的距离（异同）——在"近代家庭"之后到来的是什么
4. 研究内容
   社会学（尤其是家庭社会学）领域已有大量研究探讨拥有恋爱婚姻意识形态、基于异性恋夫妻的合法婚姻、父权制、婚生性原则等特征的"近代家庭"是如何构建的，以及如何影响日本社会的方方面面，导致男女在生活方式、学历、就业和收入等方面的不平等。然而，在指出并批判近代家庭的问题性之后，"家庭""亲子""伴侣关系""个人"在"多样"之外，还能呈现出怎样的样貌？批判近代家庭的种种运动（包括改善女性就业和收入状况、争取同性婚姻、废除"女性离婚后三百天内不得再婚"的规定）究竟以怎样的家庭和个人样貌为前提和目标？
   为探寻这个问题的答案，本研究将选择在日本批判近代家庭的

运动之———非婚生子平权运动作为研究对象,详细研究其逻辑(言论)并阐明将非婚生子平权运动用作前提(理想)的家庭样貌与近代家庭的样貌有何异同(即非婚生子平权运动容忍和抗拒近代家庭的界限)。

在此基础上,具体勾勒出批判近代家庭之后的"家庭""亲子""伴侣关系""个人"的种种样貌,并探究其可能性(或仍无法实现的原因)。

5. 理论框架(理论假设与工作假设)

理论假设:非婚生子平权运动在呼吁修改以近代家庭为前提的各项制度(此处指户籍制度与继承制度)的同时,构建了某种理想的(作为前提的)"家庭""亲子""伴侣关系""个人"样貌,但这些样貌与其批判的近代家庭既有差异,也有共通之处(有时也相互矛盾)。

工作假设:结合非婚生子平权运动旗手的属性(如非婚生子本人/父母、双亲/单亲、年龄、学历、职业、收入等),分析她/他们在运动中使用的言论,可以呈现出运动旗手所追求的"家庭""亲子""伴侣关系""个人"样貌的纷繁多样。通过勾勒上述样貌与近代家庭之间的距离,还可以得出各种前提(理想)样貌之间的关联。

6. 研究对象

非婚生子平权协会发行的刊物、书籍和网站信息,以及报刊文章、抗议信和法院诉状。

协会的活动始于20世纪70年代,因此本研究将对自那以后的资料划分若干时期开展分析。

7. 研究方法

话语分析。如前所述,本研究将聚焦20世纪70年代至今约四十年运动的言论,结合其与运动旗手之间的关系开展分类与分析。

8. 既有研究及相关资料

略。

9. 研究设备与研究费用
暂无。
10. 研究日程
2009年7月~8月　分析既有研究、收集并分析资料
2009年9月~10月　理论研究、收集并分析资料
2009年11月~12月　收集并分析资料
2010年2月~　开始撰写论文
11. 本研究的意义
通过分析运动旗手的话语，可厘清近代家庭批判运动中"运动"与"旗手"之间的关系，进而具体阐明运动取得成功（或尚未实现目标）的原因，展望未来。
12. 本研究的局限性
无法证明将"非婚生子平权运动"视为近代家庭批判运动代表的正当性。（若能阐明它与其他近代家庭批判运动的关联性，则更为理想。）

图表4-2　上间爱同学的研究计划

时期划分

顺便聊聊时期划分吧。选择对象时，需要指明研究的是"什么时期的什么"，像"占领期的家庭法制（1945—1952）""《男女雇用机会均等法》后的女性劳动"这样限定研究对象的时期。如果时间跨度为十年到数十年，时代大背景必然也有变化，需要进一步细分。因为每一种社会现象都会在历史背景的影响下呈现不同的作用。这就是所谓的时期划分。

最不可取的时期划分方法就是像60年代、70年代、80年

代这样以十年为单位划分，因为公历的十进制对历史而言不过是巧合罢了。时期划分应当使用划时代的指标。顾名思义，"划时代"（epoch-making）就是"标记时期"的意思，指标可以是统计转折点（由升转降的节点）、制度改革或历史事件，也可以是媒体的热点事件。

如果研究对象与经济波动深度相关，那么1973年石油危机和1991年泡沫经济破裂就是重要的划分节点。如果你研究的是人口问题，就绕不过日本总和生育率跌破1.57的1989年。性骚扰问题的里程碑则是1989年和1997年："性骚扰"一词在1989年获得流行语大奖，成为媒体热议和家喻户晓的概念；1997年《男女雇用机会均等法》的修订案出台，明文规定雇主有义务预防和处理性骚扰，导致性骚扰问题的范式转变。

划分时期后，还需要分别取一个具有代表性的名称。如果研究1986年《男女雇用机会均等法》施行前后的女性工作方式的变化，则可使用"前《均等法》时期""后《均等法》时期"这样的称法。

展望目标

说回上间同学的研究计划。虽说尚在计划阶段，但展望研究成果（目标）必不可少。最终结果不符合预期也无妨。因为对研究者而言，最令人欣喜的报酬莫过于研究结果超出或完美颠覆预期。

上间同学以假设的形式阐述了她的预期发现：偏离近代家

庭标准的非婚生子的当事人们高举"家庭多样化"的旗帜，却可能在无意中复制了近代家庭暗含的家庭规范。高呼"后近代家庭"的我们真能走出近代家庭的话语磁场吗——这就是作者的问题意识。因为有些决定非婚生子的伴侣选择事实婚姻，在实践层面落实了支撑近代家庭的浪漫爱意识形态（爱、性和生殖在婚姻之下的三位一体）。这些伴侣不过是跳过登记结婚的法律程序，通过"我们才是用真爱维系的家庭"这种理想化，再度强化了这种意识形态。兼顾比较异同也让她的研究更显平衡。尽管本书因篇幅未收录，这份研究计划还在既有研究一栏列出了近三十册相关领域的主要著作，可见她阅读了大量的近代家庭论。

　　该研究的意义是最终为运动做出贡献。这项研究从运动支持者的立场出发，有行动研究❶的一面，并非局外人的批判。局限性则在于，通过研究了解到的东西可能无法引领我们超越近代家庭。作者的初衷是批判近代家庭，但实现这一目标的切入点很多，包括同性恋家庭、领养、集体生活等等。"批判近代家庭"好似一座无法独自攀上的高峰，登顶的路线不止一条，因此作者的微小尝试也算得上是一条路。我之所以在此引用上间同学的研究计划，就是想告诉大家：再不起眼的研究都要放眼未来。这项研究出于种种原因没能完成，但我坚信上间同学定会矢志不渝，不忘初衷。

---

❶ action research，与解决问题的行动主义相结合的研究。

5 撰写研究计划（当事人研究版）

雪耻之战

如前所述，研究计划是航向陌生水域时不可或缺的指南针。若是写得模棱两可、草率马虎，就会搞错前进的方向。撰写研究计划的重要性可见一斑。不过这一关，就寸步难行。在上野研讨组，研究计划被毙掉是家常便饭，几乎没有一次就通过的，复仇之战在所难免。

"复仇"一词火药味有些重，也可说是"雪耻之战"，就是在被批判得体无完肤后毫不气馁，再度挑战。重复两三次后，研究问题会逐渐清晰，知道该调查什么，怎么调查才好。上野研讨组的毕业生都积累了这方面的经验，进了企业后也常被夸奖写企划案的基本功很扎实。

听说很多大学的研讨组只让研究生 / 本科生每年做一两次研究报告，美其名曰"指导"。研究成果都输出完了，导师才给出全盘否定的评语，比如"提问方式不对""选择的研究对象和方法不匹配""方法论不成立"……学生听了定会茫然自失，心想"怎么不早说啊"。上野研讨组的策略是带领学生在一年内翻过好几座小山头，而不是一下子就挑战高峰。其中最重要的两座小山头就是发表研究计划及目录。研究计划是输入的蓝图，目录则是输出的蓝图。不在这个阶段修正轨道，后果不堪设想。

当事人研究版

再说说当事人研究❶版的研究计划吧（图表5-1）。因为它比标准版研究计划更好理解。

最近我也越来越倾向于采用当事人研究版研究计划。

当事人研究版与上一节介绍的标准版大致相同，只是措辞更加简明易懂，还额外添加了以下三项，这三项的重要性可不容小觑：

（2）为什么要做这项研究？想从中获得什么？（研究动机/目标）
（3）我身为研究者的立足点（立场性）
（4）朝谁喊话？（既有研究）

当事人研究是"我的问题我来解决"的行动研究，深切伴

---

❶ 当事人研究详见浦河町伯特利之家（2005）。中西正司与我（2003）将其命名为"当事人学"。

65

> 研究计划（当事人研究版）
>
> 姓名：
> （1）（主题）如何命名这项研究？
> （2）（研究动机/目标）为什么要做这项研究？想从中获得什么？
> （3）（立场性）我身为研究者的立足点
> （4）（既有研究）朝谁喊话？
> （5）（理论框架）采用的研究角度是什么？
> （6）（研究对象）以什么为研究对象？
> （7）（研究方法）用什么方法收集资料？
> （8）（意义）本研究有什么样的意义？
> （9）（局限性）本研究有怎样的局限性？
> （10）（研究费用）本研究需要多少费用？
> （11）（研究日程）本项研究需要多少时间？

图表 5-1　研究计划（当事人研究版）

随着的问题是"这是为谁、为何而做的研究"。因此绝不能忽视研究的立足点（"提出这个问题的你是谁"）。

长久以来，人们认定研究必然是客观中立的，只要采用同样的方法，无论谁都能得出同样的答案。然而，问题本就是一种噪声，源于对既有事物的执念和别扭，与你是谁、处于什么立场密不可分。所以我们才需要明确研究者的立足点。

"为什么"有原因（cause）和结果（effect）两层含义，最好分开探讨。为什么想做这项研究（动机）？为了什么而做这项研究（目的或效果）？这些问题也都源于研究者的立足点。与之相关的是"喊话对象"这一概念。

在"社会问题的建构主义"的范式转变后，社会学领域看待社会问题的方式可谓一百八十度大转弯。在此之前，人们以因果律为前提，认为是社会的某种故障或功能失调导致了社会问题。而建构主义范式确立以来，"社会问题"变成人们定义的现象，是坚决主张某种现象是社会问题的人的行为（问题宣称活动）❶建构起来的。（中河，1999）

性骚扰和家庭暴力这两个概念的形成便是最好的例子。性骚扰之所以变成社会问题，正是因为有一群人将其定义为性骚扰，并宣称其为社会问题。要知道在过去，那些行为不过被视作恶作剧或调侃，不被当作问题。因此查阅资料并提出"性骚扰是否有所增加"的问题是毫无意义的。增长显著的是"性骚扰的申报数"，而这项数据无法体现出性骚扰的实际情况。范畴化前的"实际情况"终究是无法掌握的。

喊话对象

问题之所以成为问题，正是因为有人不满足于现状，主张"那是问题"。因此问题必然指向"对象"（addressee，收件人）。这个对象可以是没有把该现象视为"问题"的既有研究，也可以是造成"问题"的制度、社会或特定群体。

上野研讨组有一位学生对"喊话对象"这一专业概念做出了精彩的诠释。从东京大学退休后，我转战立命馆大学前沿学

---

❶ 虽有 monster claimer（诉求狂魔）这样的贬义表述，但学术用语 claim maker 本无负面含义，指代开展问题宣称活动（claim making activity）的人。

术综合研究科的研究生院。那里有不少学员是社会人士。其中有位女学员创办了过劳死家属协会,在这一领域深耕多年。她想将自己这二十多年来的活动记录下来,写成一篇博士论文,所以来到立命馆大学。

她说她不太明白"喊话对象"是怎么一回事。在场的一位同学斩钉截铁道:

"你最想骂谁'混账',谁就是喊话对象!"

她不假思索道:

"我最想骂的就是死了的老公。"

过劳死被视作工伤而受到关注,也就是这二十多年的事情。❶为争取过劳死认定,死者家属必须证明死亡与工作之间的因果关系,并非所有申请都能通过。考虑到后续的认定事宜,家属不得不将"想骂死者混账"的念头压在心底。但他们肯定有满腔怨言:你怎么就死了呢?都痛苦到要寻死了,怎么就不告诉我们呢?根本没必要拼到丢掉性命的地步啊!她失去丈夫已有二十五年,尘封已久的话语刹那间迸发而出。那正是学术术语变得有血有肉的时刻。

之所以提问,是因为有想破口大骂的对象,因为无法忍受,无法认同,无法坐视不管。而那正是专属于你的问题。

此言一出,必然会有人嚷嚷"这样的研究太主观了",主

---

❶ 1988 年,全国律师开设"过劳死 110"免费咨询专线。2007 年,法院判定一名因过劳自杀身亡的儿科医生为工伤。2014 年,《过劳死等防止对策推进法》通过。"过劳死"一词作为日本特有的现象在国际社会广为流传。

张"学问必须中立客观"。我称之为"中立客观神话"。"神话"是无凭无据的信念集合。问题本就是主观的，因为那是"我的问题"，而非"你的问题"。当事人研究的出发点正是"我的问题只能由我解决，因为我是最了解我的专家"。

对主观问题给出经验性依据，得出无可争议的结论，这就是经验研究。而这个问题的出发点永远都是"我"。

大叔的研究计划

此处分享一个当事人研究版研究计划的实例。我曾在立教继续教育学院（RSSC）担任特聘教授。该学院是不隶属于《学校教育法》体制、专门面向五十岁以上中老年群体的终身教育机构。成立十余年来，七十人的入学名额年年爆满，足见人气之旺。学院最大的亮点是地处池袋副都心。学员可以随意使用校内的各项设施，还能和年轻学生一起上课。而且是男女同校！从校园到池袋站，一路上都是灯红酒绿的诱惑，课余生活自是乐趣纷呈。事实上，男学员也普遍在访谈中表示服饰的花销变多了。想必这是因为他们拥有了需要在意异性目光的去处。

哦，差点忘了说最要紧的教育内容。RSSC的卖点在于小规模的研讨组教学模式。大学教育的精髓正是师生促膝交流的研讨组。对只上到高中的人而言，大学研讨组显然是教人心生向往的元素之一。RSSC的学员需要在某个研讨组学习一年，提交论文才能毕业。不满足于被动听讲、希望更进一步的学员尤其中意这种研讨组制度。有些学员修完一年制的本科还不过瘾，于是转为专科生或研究生，好在研讨组多留几年。各地都有面向社会人士提供终身教育课程的大学，而RSSC堪称最成功的范例之一。立花隆先生曾在RSSC开设"现代史中的自我史"研讨组❶，而我作为其继任者开设的则是"当事人研究"研讨组。

大伴靖先生（化名，六十多岁）的研究计划就是在这个研讨组发表的（图表5-2）。

大伴先生来RSSC的时候已经年届退休。退休前，他的生活以工作为主，家里的事情统统交给妻子打理，是个典型的日式丈夫。而退休将让他的生活发生翻天覆地的变化，他意识到必须重新审视和妻子的关系，于是决定开展研究。想必他是有了危机感，觉得再这么下去就大事不妙了。

研究主题原为"我（丈夫）退休后的夫妻关系重建"，经雪耻之战后改成了"向'家庭内再婚'❷进发"。如此一来，研究目的就明确多了。他也意识到自己不仅是妻子的伴侣，也是寄生者。喊话对象设定为妻子似乎有些奇怪，但这项研究其实就是为妻子一人而做。喊话可以是消极负面的，也可以是积极正面的。"这是我的第二次求婚，只能在'好'跟'YES'里挑一个回答哦"——他只想把这句话说给妻子听，所以这么安排并无问题。

大伴先生采用的研究方法是访谈调查，因为只有直接询问才能了解实际情况。调查对象包括子女和朋友夫妇，但他们都

---

❶ 立教继续教育学院的立花隆"自我史"讲座还出了书（立花，2013）。
❷ 出自近藤先生的《家庭内再婚》（1998）。

研究计划（当事人研究）

1. 姓名：大伴靖
2. 所属：RSSC 本科
3. 研究主题：向"家庭内再婚"进发
   原题：我（丈夫）退休后的夫妻关系重建
4. 研究内容（为什么进行本研究 / 本研究的目的）：
   结婚三十六年来，我与妻子一直都是挣钱者（丈夫）与辅助者（妻子）的关系（角色分工）。然而在我（丈夫）退休后，这套框架将不复存在。为了使夫妻的余生更加充实，本研究将重新审视包含角色分工等的"夫妻"概念，重新构建契合新框架的夫妻关系（家庭内再婚）。
5. 既有研究（喊话对象）：
   妻子
6. 我身为研究者的立场（立场性）：
   作为妻子的伴侣、合作者、共生者与寄生者的丈夫
7. 理论框架（采用的研究角度）：
   ·当夫妻关系产生变化时，夫妻双方的隐形人格（追求）会不会浮出水面？
   ·在以往的夫妻角色分工下，妻子有无压抑已久的想法（原本的追求）？（假设）
8. 研究对象：
   夫妇（没有血缘的男女共同体）
9. 研究方法：
   根据围绕夫妻关系（角色分工）的访谈开展分析。
10. 受访者：
    妻子、长子、长女、弟弟、妹妹、朋友（两名）共七人
11. 研究意义与效果：
    充实我本人与妻子的余生，向子女、孙辈及友人展现朝气蓬勃的活法，为所有人注入活力。

> 12. 研究日程安排：
>   按下列日程开展访谈，根据其内容总结研究结果。
> 13. 访谈时间：
>   6月（临退休前）、9月（退休三个月后）、12月（退休六个月后）

图表 5-2　大伴靖先生的研究计划

是烟幕弹。他真正想了解的唯有妻子的真心话。但只采访妻子一个未免过于明显，所以要利用周边的对象掩人耳目，装作他们也跟研究目的有关。夫妻与亲子之间很难一本正经地探讨过去与未来，但如果说"我正在做这样的研究，能不能来搭把手"，倒是个很好的切入点。

"隔一段时间访谈一次"是个着实高明的方法。因为退休后的生活方式与夫妻关系会随着时间的推移而变化。其实提交研究计划之前，大伴先生已经采访过几对朋友，但他发现夫妻关系千差万别，采访别人也没多少参考价值。实际采访妻子时，他得到这样的回答："你是一个以自我为中心的人，凡事只顾自己。"本以为自己还算体贴，却被妻子的发言彻底粉碎了自我认知。真是不问不知道，一问吓一跳啊。

家里蹲青年的研究计划

再分享一则当事人研究版的研究计划实例吧（图表5-3）。

小辉是偷偷溜进立命馆大学上野研讨组旁听的编外学员。三十多岁的他一度拒绝上学，当了很长时间的家里蹲，后来在

研究计划

1. 姓名：小辉
2. 所属：A 课后儿童班
3. 如何命名这项研究（主题）：
   有没有可能打造出孩子能够轻松前往、宛如"红色提灯"的去处？
4. 为什么要做这项研究（研究目标）：
   本研究的目的在于阐明以小学生为主的孩子是否有可能拥有学校和家庭之外的"第三空间"。我在童年时期经历过拒绝上学和家庭破裂，在学校和家庭都没有容身之地。据我的经验，等孩子被贴上"拒绝上学儿童"标签、被视作研究对象时再想办法是否为时过晚？能否在此前的校园与日常生活中发现广大孩子的需求？这些问题就是本研究的出发点。本研究将基于当前的实践领域"课后儿童班"深入考察，希望能够明确作为孩子"退路"的课后空间的作用，以"红色提灯"作为隐喻关键词。
5. 既有研究（已解决的部分、未解决的部分 / 谁是喊话对象）：
   对拒绝上学儿童的当事人开展的"儿童放学后"研究有贵户理惠的《横滨课后托班的未来》（小熊英二研讨组 / 上野千鹤子研讨组，2000），该研究指出在"放学后"这一空间，成年人仍以教育之名加以管理，限制孩子的自由玩耍，并通过田野调查发现"玩耍空间的学校化"问题。
6. 我身为研究者的立足点（立场性）：
   本研究的独特之处在于，我作为曾在学校和家庭都没有容身之处的当事人，基于放学后这一领域开展以小学生为主的研究。因此，"我"的立场性在于采用现场与研究相结合的"二刀流"，本研究是在现场层面的"经验知识"和研究层面的"专业知识"之间往返的实践。
7. 理论框架（采用的研究角度）：
   立场性部分参考《当事人主权》（中西正司 & 上野千鹤子，2003），研究的理论框架则主要采用《去身份认同》（上野千鹤子，2005）的框架。采用上述理论框架旨在证明，孩子能在"红色提灯"的多样关系中发现并构筑自己新的一面，对极度同一的自我进行多元化，由此可能获得危急时刻的"退路"。

8. 研究对象：
主要为课后儿童班及参加课后儿童班的一至六年级小学生，外加偶尔"晃悠"前来的初中生、高中生和大学生。比较对象为"成年人的退路"，即人们可以随意光顾的廉价居酒屋等。

9. 研究方法：
采用定性研究，以2013年至2016年针对A课后儿童班的参与观察、备忘录（田野笔记）为一手资料并分类整理，使用卡片系统开展内容分析，从中构建理论。

10. 意义与效果：
为孩子创造精彩又安全的课后时光，就是丰富与孩子密切相关的家长的人生。换言之，必须先实现孩子的工作与生活平衡，否则也无法实现身为监护人员、负责照顾孩子的父母的工作与生活平衡。本研究旨在通过照顾的社会化推进"照顾责任的分散化"。

11. 研究费用：
文具费、交通费等。

12. 研究日程：
争取在本年度内完成，并将研究成果运用于今后的田野实践与研究。

图表5-3　小辉的研究计划

某地方政府主办的课后儿童班担任客座辅导员。他想充分发挥自身经验，与课后班的孩子们交流，阐明孩子的需求是什么。从这个角度看，他的研究具有浓重的当事人色彩。"要是我小时候也有这样的去处就好了"——他的研究动机就源于这个念头。

"宛如红色提灯❶的去处"这一措辞包含了"孩子在学校与家庭之外的去处"❷（贵户，2004）的意思。成年人也有下班后不想直接回家的时候。我在研讨组用过"红色提灯"一词，用着用着就被他借鉴去了。求学时，我曾在京都平民区当补习班老师，天天跟调皮捣蛋的孩子打交道。有一次，我实在看不惯他们的学习态度，便说"你们可是花了钱来上课的啊"，结果一个孩子如此回答：

"老师，学校和家里都压得人喘不过气，好歹让我们在这儿放松放松吧。"

自那时起，我就当起了专为孩子服务的"红色提灯"老板娘。或许"红色提灯"一词也触动了小辉的心弦。

"红色提灯这个说法太奇怪了""你受上野老师的影响太大了""肯定有更合适的概念"……研讨组的同学接连提出批评意见，于是他最后改用了奥尔登堡的"第三空间"（the third place）❸（Oldenburg，1997）。"第三空间理论"也就成为他的理论框架。第三空间是一个定义模糊的概念，但这反而提高了它

---

❶ 日式酒馆门前挂着的红色纸灯笼，后成为廉价小酒馆的代名词。——编译注
❷ 专攻拒绝上学问题的社会学家贵户理惠在庆应义塾大学小熊研讨组求学时提交的毕业论文题目。论文聚焦"课后托班"，批判了当时在横滨推行的横滨孩子课后班制度，指出在同一教学楼内开办的课后托班对孩子而言不过是日常校园生活的延伸，无法为本就没有勇气迈入校园的儿童提供容身之地。详见其针对拒绝上学问题的研究著作。
❸ 人们可以在既非第一空间（家庭、社区等社群）亦非第二空间（学校、公司等集体组织）的第三空间建立来去自由的松散联系。除了住处、聚会场所、沙龙，第三空间还包括图书馆、咖啡馆等。

的易用性，而且它也是学术界广为流通的公共财产，非常好用。他可以说，既然成年人的世界需要第三空间，那孩子的世界肯定也需要。若扩展到虚拟空间，便能用这一概念分析现在的孩子与智能手机和游戏之间的虚拟关系。

小辉的研究仍在进行中。研究期间，他受政府削减预算的影响丢了辅导员的工作，糊口都成问题，经历了不少风雨，不过我非常期待这项研究输出成果的那一天。因为我们对服务孩子的第三空间已经有了不少了解（包括它为什么必要、该如何运营、如何筹措资金），却对最要紧的孩子（即客户）知之甚少。该如何跟孩子打交道？他们的需求是什么？孩子都有哪些类型？他们如何处理每天发生在自己眼前的麻烦？……这些实际操作上的援助诀窍仍是一片空白。让我们共同期待小辉的研究成果吧。

第三章

理论和方法
任你取用

6 何谓方法论

理论是工具

想必有许多初学者卡在了研究计划的"假设"或"理论框架"部分，也即"方法论"。社会学的课就是为了传授方法论，此处就为大家讲解一下。

常有人搞错方法论（methodology）的意思，被问到"你的方法论是什么"时回答"做问卷调查"。问卷是一种调查方法（survey method），而不是研究方法（research method）。调查和研究是两码事，前者不过是收集资料的一种方法，具体请见下一章。

先借此机会治一治各位的理论过敏症。理论（theory）其实是用来解释现实的工具，由一系列逻辑整合的概念组成。概念（concept）的词源是 conceive（内含、孕育）。❶ 所谓概念，就是为描述某种现象而创造的术语，是解释现实的装置

---

❶ 宗教画中的 conception 特指圣母玛利亚受孕。

(conceptual apparatus)。新概念的产生，是为了描述既有概念无法解释的新现象。

从没有破绽的精密概念装置中构建出的理论，我们称之为理论体系。马克思理论就是绝佳的范例。商品、价值、市场、资本等概念集合可以相互解释，形成完美的闭环，直教人觉得超脱这套理论是天方夜谭。完善的理论甚至可以解释例外情况。但什么样的理论都有盲区，都存在无法解释的事物。

顺便一提，马克思理论就未将"女性在私人领域做的家务"概念化为"劳动"。如今之所以有"家务劳动"这一概念可用，是因为我们扩展并重新定义了劳动，将马克思没有看到的盲区纳入其中。家务劳动被定义为（生命的）再生产活动中"可以转移给第三方的行为"。因此，吃饭、睡觉等无法由他人代劳的行为不构成劳动，家务、育儿和照护是劳动。不过马克思倒是对生殖做出了精辟的定义——"他者的再生产"。这是一种劳动。不只是家务，连性行为都早已成为可以外包的劳动。随着生殖技术的进步，怀孕和分娩也将变为可以转移给第三方的行为，即劳动。

英语单词 labor（劳动）原指分娩时的阵痛。马克思由生产之痛关注到物质生产活动，却排除了生命的再生产活动，这正是后来的马克思主义女性主义者批判他是性别盲（sex blind）的原因（上野，1990/2009）。马克思主义女性主义者不是忠于马克思的女性主义者，而是挑战马克思的女性主义者。我就是其中之一。哎呀，一不留神说得太起劲，跑题了。

提出假设

假设、理论框架和方法论之间的关系可以用一个更简单的例子解释说明。

假如你提出的问题是"孤独死的人数为何增长",这个问题的前提是"孤独死的人数在增长"。但这个命题是否正确呢？我们必须用数据说话。但要获得数据，就得先定义何谓孤独死。

孤独死没有固定的定义，一般指在无人照看的情况下死于家中，死后超过二十四小时才被发现，且不属于刑事案件。也有人认为二十四小时规则（东京都的标准）过于严苛，主张将认定标准放宽到死后四天到一周（甚至更久），具体视地方政府与实际情况而定。"非自然死亡""横死路边"是早就存在的概念，而"孤独死"的前提条件是"死于家中"。问题背后有问题意识，有喊话对象，那就意味着问题预设了一种价值观：孤独死是不好的，不希望孤独死增加，怎样才能减少？

由于孤独死的定义尚未统一，统计的难度很高，不好判断人数有没有增长。政府的人口动态统计中有"无见证死亡"的概念，其统计数值确有增加，2010 年起已达每年两千余例。在统计类别中区分"有见证死亡"和"无见证死亡"本就基于将后者视作问题并单拎出来的概念装置。将"无见证死亡"概念化为"孤独死"就是附上"孤独"的负面含义，喊话称这种现象不该存在。政府的孤独死防治对策也由此而来。

那么，究竟是谁喊的话呢？"孤独死"这个概念不是你创造的，可见你应该是受了某人的影响。这个"某人"往往是媒体。

媒体发挥着喊话扩音器的作用。无见证死亡的统计始于1999年，这或许与1995年阪神淡路大地震后临时住宅接连出现灾害孤独死的社会问题有关。

当采用"孤独死"这个概念，并提出"孤独死的人数为何增长"时，你已经做出价值判断，认为有见证死亡比无见证死亡更好。

有见证死亡指的是有家人或医疗/照护人员在场的情况，要么是与家人同住时死在家中，要么是死在医院或照护机构。在家人陪伴下死在家里、在医院或机构专业人员的陪伴下走完最后一程更"好"——这一判断便是问题的前提。若是死在家中似乎还要多一个前提：家里有人不外出工作（通常是儿媳），二十四小时全天候照看。今时今日，家里二十四小时都有人简直是不可想象。家人很难见证逝者的最后一刻，除非满足各方面条件。再说，如果死亡发生在家人熟睡或没注意的时候，算不算无见证死亡呢？

孤独死到底有什么问题？一人户的数量增长迅猛，在这样的家庭发生无见证死亡也很正常。换个立场来看，孤独死增加又有什么问题呢？即便与家人同住，现如今有劳动能力的人都会外出工作，在家人不在场时发生无见证死亡也不稀奇。

孤独死之所以被视作问题，皆因对他人造成了"困扰"。人可以独自死亡，却无法自行处理死后留下的遗体。遗体会逐渐腐败，如果发现得太迟便会散发恶臭，污染房屋。左邻右里自不用说，家人的负担也会变重。如果房子是租的，还相当于损坏房东的财产。这意味着，在孤独死的定义中最成问题的并不是"无见证死亡"，而是"死后一定时间内没有被发现"。既然如此，建立一套死后通报机制，确保在一定时间内发现不就行了？这在技术上是很容易实现的，比如水表在确定住户在家的前提下超过二十四小时未动，就触发自动通报系统（毕竟人总要上厕所）。不介意日常生活被监控的话，甚至可以在屋内安装传感器和摄像头，二十四小时没动静就自动通报。这样就能解决困扰他人的问题。

但也有人认为无见证死亡是不幸的，认为"孤独死"即"孤立生"。那我们可以把"如何预防孤独死（的不及时发现）"替换成另一个问题，即"如何消除孤立生"。当然，后者的难度更高。因为定义孤立生比定义孤独死更难，而且如果是当事人自己选择孤立生，那旁人也不好声称那是有问题的。

一人户增加

孤独死的增加是一人户增加所致。至于一人户的数量是否增加，看人口动态统计中的家庭结构即可。各年龄段的一人户都在增加。没人觉得年轻人的一人户有什么问题，那意味着问题出在老年一人户上。该假设的背后蕴含着"怎么能让老人家自己住呢，家里人也太不负责了！"的谴责。

然而，"在家中无见证死亡"的统计数据显示，60至65岁年龄段的死亡人数最多，而且绝大多数是男性。换言之，无见证死亡的65岁以上老年人较少。因此我们也许可以说，孤独死并非"老年人问题",而是"中老年男性问题"。该年龄段男性的离婚率和未婚率都伴随着年纪的增长而上升。如此想来,这个问题甚至可以改称为"单身男性问题"。孤独死之前的孤立生则可视为没有家人的单身男性的问题,但不与他人来往、不寻求帮助是他们自己的选择,既然当事人不认为这是问题,那是否需要解决就有待商榷了。如此分析下来,孤独死越来越不像死者(离开的一方)的问题,反倒是被他们牵连的生者(被留下的一方)的问题。

已知男性离婚/未婚与失业、贫困等社会经济因素高度相关,但同样为贫困所苦的离婚/未婚女性的孤独死相对较少,看来原因不仅仅在于贫困,与性别相关的"孤立"才是问题所在。有困难却不求助是"无法寻求帮助"的男性的问题。此处便可引入关于男子气概的性别理论。

据当地的上门护士所说,近来有不少中老年单身男性移居石垣岛,想在那里走完人生的最后一程。他们租房住,靠养老金生活,不与旁人来往,也不融入当地社区,但生了病会用医疗保险,生活无法自理了也会用护理保险请人照料。他们没有家人,即便有也坚决不让机构联系。但他们终究无法给自己办后事,所以从销户到火化下葬的一系列事宜都是照护经理❶和上门护士出于善意代为承担,但此类情况已经多到不能称之为例外,着实教人头疼。这是当事人自主选择的居家死亡,享受

---

❶ 居家养老服务的"职业管家",负责倾听长者及其家属的诉求,制订适合每个人的护理计划。——编译注

到了政府的援助，做了有助于尽早发现的安排，堪称准备周全的孤独死，当事人很可能也走得心满意足。若能推行有偿接管后事的承包商制度，地方政府也会有新的税收来源。说句不怕冒犯的话，甚至可以让死者将资产（哪怕数额不大）捐赠给照顾过自己的地方政府，如此一来兴许能开创一门全新的送终生意，诸如在靠近天堂的南洋小岛告别人世的服务。

家庭个人化假设

在问出"孤独死的人数为何增长"的时候，提问者其实已经准备好了暂定的答案。这个答案就是假设。一人户增加本身并不是问题，真正的问题在于变成一人户之后便与原先的家人断了联系，或者与本地社区缺乏往来。"因为家庭分崩离析""因为本地社群瓦解"……这些都只是未经验证的偏见，所以称作假设。日语中社会学将家庭分崩离析的现象概念化为"个人化"。这就是所谓的"家庭个人化假设"（目黑，1987）。

个人化与个人主义化非常相似，但它其实是为了区分两者而生的概念❶（Beck，1986）。❷个人主义化是一个历史悠久的术语，被认为是社会现代化过程中必然的变化之一。个人主义

---

❶ 英语中有时也会区分 individualization（个人主义化）和 individuation（个人化）。但聚焦后现代个人化社会的乌尔里希·贝克提及个人化和个人主义化时使用的都是 individualization（德语为 Individualisierung），是译者将其翻译成了"个人化"。（Beck，1986）

❷ 在日语中，individualization 与 individuation 分别译作"个人主义化"与"个人化"，而国内社会学研究通常分别译作"个体化"与"个性化/个人化"。此处为贴合文中脉络，保留日语译法。——编译注

的反义词是集体主义，最简单的定义是"将个人利益置于国家、家庭等集体利益之上的态度"。但由于现代化本身被视为"好事"，随现代化产生的个人主义也被赋予"能够理性决策的自主主体"这样的积极含义。区别于个人主义，新概念"个人化"则特指个人主义的消极面，即"仅追求个人利益而忽视集体价值和关系的倾向"。都说保守派讨厌个人主义，但我认为他们真正讨厌的是个人化。如前所述，概念是解释现实的工具，而新概念的产生能帮助我们解释既有概念无法解释的现象。

上述例子中的"家庭个人化"就是理论假设。

但个人主义化和个人化都不是你创造的概念，而是从既有理论中诞生的概念，而且是诞生于社会学领域且不断得到精炼的概念。

这就意味着我们必须探讨谁以何种方式使用了这一概念，使用得是否恰当，可否应用于自己提出的问题，是否需要重塑，等等。正如我反复强调的那样，概念是工具。如果我们对照工具加工现实，就可能扭曲现实。如果是现实发生变化，则需要重铸工具以适应新的现实。个人化这个概念的诞生，正是因为出现了无法仅用个人主义化这个既有标尺解释的现实。

别人尝试过用其他方法解决与你相同的问题……探讨这些留下的研究，就是批判性地回顾既有研究。任何工具都有利弊，能用它得到一些东西，也会错过一些东西。从这两个角度加以考察，用过去没有的新工具来探索尚未得出答案的问题，便是方法论或理论框架的课题。

从理论假设到工作假设

家庭个人化这个假设要如何证明呢？我们要将其转化为可验证的经验命题。这个命题就是工作假设。

家庭分崩离析具体指什么？例如，我们可以将全家人共进晚餐的次数减少作为衡量家庭个人化程度的指标，这样就能测定了。一人户本就不存在共进晚餐的人，所以这个问题不成立。尽管有人宣称一人户的增加本就有问题，但我们不能将这种现象轻易定性为坏事，因此只需测定分化出来的一人户与家人和亲戚沟通的频率和方式即可，比如是打电话、见面还是发短信，是每天联系，还是几天一次、每周一次、每月一次、每年数次、几乎不联系……如果是几天联系一次，至少可以避免死后很久才被发现。根据日本的统计数据，相较于欧美国家，日本分居亲属之间的联系频率明显更低。由此可见，日本的家庭主义其实非常脆弱。

若要测定"本地社群瓦解"，又该使用哪些指标呢？不妨将视线投向社会资本理论。美国社会学家罗伯特·普特南（Putnam，2000）通过研究美国地方城市提出，人们建立的人际关系网是该地区的"资本"。"资本"是能产生利润的财产，因此在他的理论中，"社会关系"本身也能带来利益，说白了就是，关系硬的人更占便宜。大家可能会觉得这是理所当然，但普特南的功绩在于对人际关系这一无形财产（而不是金钱、地位等有形财产）进行了概念化。他还对理论进一步精细化，将社会资本分为结合型（bonding type，同质者间的联结）和桥接型（bridging type，异质者间的联结）并加以比较。不仅如此，他还对研究方法做了标准化，以便用于比较不同社群。

若以社会资本为孤独死研究的理论框架——

需验证的假设则为，拥有更强的社群信任感（社会资本）的地区更不易发生孤独死。那"信任"要如何测定呢？我们可以开展问卷调查，问受访者看到陌生人会不会产生戒心、有没有相互问候的习惯等等。如果结果显示单位人口的孤独死人数与该地区社会资本积累程度之间存在有统计意义的相关性，假设就得到了验证。

在这个例子中，研究方法是社会资本理论，调查方法则是问卷调查。

各种调查方法

"孤独死的人数为何增长"可以分解为"什么样的人会孤独死""怎样的社会条件会导致孤独死""怎样的地区容易发生孤独死"等小问题。采用的理论、研究对象和方法视问题的问法而定。如果问题是"什么样的人会孤独死"，那不妨采用案例研究。所谓案例研究，就是实际调查孤独死的案例，收集死因、特征、家庭关系、生活史等方面的资料，阐明什么样的人会孤独死。

收集到一定数量的案例后，便可以回答"哪些社会条件会导致孤独死"，这个环节会用到比较的方法。我们无法用控制变量的实验室手法来分析社会和历史现象。在这一前提下，"比较"就是最强有力的方法。只有通过比较，我们才能描述某个样本与其他样本相比是不是独特的。

只要样本足以做统计比较，就可以证明孤独死的人在性别、年龄、社会经济属性、婚姻和生活史、亲属关系和经济阶层等方面存在某种倾向。此外，我们也许还可以采用流行病学调查方法，比较不同地区的孤独死发生率，这也有助于针对地区特性制定防止孤独死的对策。

不过最后介绍的对象-方法组合都是涉及资料收集的调查方法，而非研究方法。这两个词都带"方法"二字，确实容易混淆。请大家牢记，研究方法针对的是，用什么分析工具（理论）来回答自己提出的研究问题。

孤独死有什么不好？

提问方法和理论框架还可以颠覆问题。在本章的最后，我将举例说明这一点。

"孤独死的人数为何增长"这个问题的前提是"孤独死是个问题"。但真是如此吗？如果孤独死是一个问题，那么到底是谁、为何、从何时开始，又是如何将它视作问题的呢？于是，"孤独死的人数为何增长"这个问题可以转换为"孤独死为何成了问题""孤独死从何时开始成了问题，如何变成问题""是谁把孤独死视作问题"等。这种提问方法被称为社会问题建构主义理论。如上一章所述，从建构主义的角度看，社会问题来自问题宣称活动。

宣称问题的是谁呢？也许起初只有少数几个人，但在他们的主张扩散并发展成社会问题的过程中，影响力最大的显然是大众媒体。由于"孤独死"本就是个相对较新的词，我们可以借助大众媒体的数据库，调查它最早出现的时候和语境，以及孤独死的报道从什么时候开始增多，增多了多少等。在这个例子中，研究方法是社会问题建构主义理论，调查方法则是针对大众媒体的话语分析。我们需要在这个环节考虑：如何定义大众媒体、选印刷媒体还是影像媒体、是否纳入网络媒体、要涵盖多少种媒体、这些媒体有无数据库、数据库可否访问❶、选择哪个时期、搜索结果的总数大概有多少、自己能不能搞定、如果搞不定该如何削减、削减多少……资料是样本的集合，因此取样也要讲究战略。之后就是资料收集方法的问题了，下章再议。

然而，采用社会问题建构主义的理论立场能了解到的，不过是人们讨论孤独死的方式，而非孤独死本身。话语皆为加工过的信息。何谓孤独死、孤独死有没有增加等问题都被悬置了。照理说在二战后的动荡时期，无见证死亡应该比现在更多。此类死亡统计数字的出现本身就证明，人口出生和死亡情况在政府的严格掌握之中，精确到个位数。然而，没有概念，现象在社会层面就是不存在的，而不存在的现象当然无法通过统计分

---

❶ 资料的可达性是设定研究对象与方法的重要标准。《读卖新闻》常被用作报刊媒体的样本，这在很大程度上是因为它率先推出可以检索报道的免费电子数据库。

类来掌握。

性骚扰和家庭暴力也是如此。我们无法根据数据判断出性骚扰和家庭暴力是增加还是减少，只能看出申报件数在增加。"孤独死"也是"孤独死"这一概念催生的现象，要是概念的定义变了，统计数值也会瞬间改变。采用建构主义理论，可以为提问预设的被视作问题的现象，提供一个"去问题化"的契机。换言之，我们有可能拆解常识，解构已有的价值，这或许正是社会学的妙趣。

如何在闭门不出的状态下生活？

用一段有趣的小插曲为本节画上句号吧。东京大学设有老龄社会综合研究机构。我与该机构的研究生开展了一项联合研究，并出席了研究成果发布会。研究主题是"如何把闭门不出的老年人从家里拽出来"。明明有社区咖啡馆、社团等各种社群活动，孤立的老年人却不愿出门参加，怎么办才好呢？研究生组成若干团队钻研这个问题。其中一个团队得出的结论着实亮眼："犯不着把不愿出门的老人硬拽出门吧？"这无异于颠覆了机构布置给他们的课题。

不愿出门的老年人赖以为生的是医疗保险和护理保险（他们生病了会看医生，也会用护理保险），以及堪称城市基础设施的便利店。统计数据显示，单身老年人已成便利店的主要客群。便利店行业也在努力适应这一趋势，尝试研发小包装熟食，将原本契合年轻人口味的盒饭产品线调整得更适合老年人口味等。不必与他人对话也能完成采购，这种每次都以金钱了事、互不相欠的匿名关系支撑着他们的生活。这个研究团队转换思路后指出，孤立本身并不是坏事，只要建立一套孤立的老年人也能安全无虞地生活的社会机制就行。我们也许能通过这个结论窥见这群年轻人的心声——"要是条件允许，我也想天天在家待着。"

7 选择对象与方法

民族志

　　写好了研究计划,就意味着手里有了海图,知道接下来该往哪儿走。能隐约看到登陆点就更好了。那里可能是孤岛,也可能是大陆的边缘,可能是青青草原,也可能是一片荒芜。

　　在研究计划中设定好问题,下一步就是明确研究对象和与之搭配的方法。

　　研究对象的数量为一个到有限个不等。常常有人问我:"研究对象只有一个样本也行吗?"当然可以。这也叫案例研究或者专论。

　　针对群体而非个人的案例研究被称为民族志。民族志原为民族学的一个分支,是通过参与观察描述异民族的生活志,后来衍生为参与观察并描述研究者熟知的特殊社会群体,如飞车党的民族志(佐藤,1984)和摩托车快递员的民族志(阿部,2006)。这两例的研究对象分别是飞车党群体和摩托车快递员群体❶，研究方法是参与观察。

所谓参与观察，就是深入某一群体，与他们进行同样的体验，根据观察所得的资料展开描述的方法。对于无法像自然科学那样做实验的社会科学而言，观察是非常重要的实证方法，但观察对象会不可避免地因观察者的介入而发生变化。社会科学有着自我指涉❷的宿命，难免会发生分类混淆，即"解释项包含在被解释项中"，简单来说就是观察者自己构成了观察对象的一部分。要实现纯粹的观察，唯一的办法恐怕是坐在单向透视玻璃后面观察研究对象的行为，但这几乎不可能。随着科技的发展，我们也许可以通过监控摄像头等工具，在不参与的前提下全天候观察个人或群体的行为。这被称为无干扰观察。反过来说，观察者的存在永远都是干扰。❸

将参与观察运用得炉火纯青的当数芝加哥学派霍华德·贝克尔开展的爵士乐手研究。他深入曾是瘾君子或处于犯罪团伙边缘的爵士乐手群体，研究他们如何自控地游走在正常与异端的边界，提出了著名的标签理论（Becker，1963）。贝克尔本人也有着直逼专业乐手的演奏水平。

虽说只是参与观察，但进入帮派或犯罪团伙终究伴随风险。《飞车党的民族志》（佐藤，1984）的作者佐藤郁哉先生本人不是

---

❶ 阿部的著作（2006）标题中并没有"民族志"一词，但他的研究方法就是民族志（自己当摩托车快递员，开展参与观察）。

❷ self-referentiality，有时也称"反身性"（reflexivity）。（Giddens，1990）

❸ 在相对论出现后，即便是自然科学领域的观察，观察者也不可能完全置身于现象之外，观察会介入观察对象并改变它。因此不存在纯粹客观中立的观察。

飞车党。开展这项调查时,他已经过了二十五岁。在十几岁的年轻飞车党眼里,他大概就是个跟他们一起蹲在街边、有点善解人意的怪大叔。而怪大叔的存在难免会让飞车党想方设法地控制自己在他眼里的形象,表现得分外潇洒英武。《飞车党的民族志》的过人之处就在于,它还分析了飞车党在与媒体采访者和观察者等"外界目光"相互交涉的过程中塑造自我形象的机制。在此过程中,单纯的违规飞车党摇身一变,成了挑战学历社会的英雄。

民族学学者必须意识到,民族志本身在很大程度上受观察者偏见的影响。完全透明、谁写都一样的民族志是不存在的。民族学学者将民族志描述为"将自己的身体用作工具(观测器)观测他人"。这就意味着民族志的内容取决于调查者和调查对象。例如,人类学家勃洛尼斯拉夫·马林诺夫斯基(Malinowski,1922)被誉为"民族志之神",据称他走过的地方"寸草不生",几乎没有为后人研究留下空白。然而,之后接连登上历史舞台的女性人类学家在他调查过的南太平洋岛屿上,发现了他当年忽略的各种现象。在这个例子中,性别差异左右了人类学家作为"观测器"的性能。

对话式民族志

参与观察又名田野调查。这个词原本如字面所示,就是去野外开展观察,但后来,直接观察某个对象的活动也被称为田野调查。观察记录则称田野笔记,记载的是观察者接收到的信息集合。如前所述，信息源于噪声。没有噪声（不舒服、不对劲的感觉）的东西不会转化为信息。对观察者而言不证自明的东西，或与之截然相对、会引起认知失调的东西都无法成为信息。因此，田野笔记中的观察记录也是对自己作为"观测器"的性能的记录。

既然如此，那干脆别描述对象了，何不观察与描述自己与对象的交涉过程呢？这就是所谓对话式民族志或对话式建构主义，比如人类学中将观察者自身纳入指涉对象的反思人类学（reflexive anthropology），以及西方白人社会在创造出"未开化社会"概念后诘问作为种族主义者或种族歧视者的"白人"究竟是什么的白人研究（whiteness studies）。然而，过于内省的研究容易脱离研究对象，沦为追问"我是什么"的自我探寻。如此一来则有当事人研究这个方法可用，稍后再做讲解。

案例研究

如果研究对象不是一群人，而是一个人呢？只有一个对象的研究真能站得住脚吗？当然能。这也是案例研究的一种。常有学生问我："只有一个样本的案例研究算研究吗？""样本的代表性怎么办？"……

何谓样本的代表性？大家能想象出一个"有代表性的日本人"或"有代表性的东京人"吗？统计调查中确实有"平均"的概念。那有没有"平均的日本人"或"平均的东京人"呢？无论综合多少个平均值，都无法得出实际情况。"平均型"比"典型"更具虚构色彩。

只有一个样本的案例研究，最具代表性的莫过于精神病学领域的疾病志（pathograph），例如对自杀身亡的芥川龙之介的疾病志研究、对夏目漱石的疾病志研究等等。疾病志的对象为单一案例，而且是非常特殊的案例。自杀身亡也好，成为国民级作家也罢，在日本人中均属特例，所以此类案例也可称为极端型或超常型。精神病患者本就是脱离常规的存在。大家也许会纳闷：研究这些偏离平均的超常型案例又能有什么收获呢？其实研究漱石这样的超常型案例或许有助于引出"面对现代化的日本人的苦恼"等"典型"。

自我民族志与当事人研究

如果研究对象是自己呢？长久以来，人们认定"自己研究自己"是终极的自我矛盾，无法开展理应客观的研究。但民族志明明就有"自我民族志"这一分支。事实上，没有任何一门学问像人类学那样高度重视学问的自我指涉性。有反思人类学在研究异文化时探究"我是谁"，还有将投向异文化的目光转向自文化的常人方法学，20世纪70年代甚至出现迷幻人类学，描述使用毒品和致幻剂麦司卡林后的自我扩张体验。此类研究的基础观点是，自己的身体和心理也是异文化。

在日本诞生的就是当事人研究。最了解自己的莫过于自己，没有比自己更厉害的专家——如此想来，我们仿佛从出生起就一直在名为"自己"的田野开展参与观察，积累了大量的观察资料与记录（日记、信件、笔记、作品等），岂有不用之理。只不过，无论研究对象在自身内部还是外部，提出问题 ⟶ 设定假设 ⟶ 根据假设系统地收集资料 ⟶ 基于证据开展验证都是必经的程序。

收集资料

如果研究对象不止一个呢？

研究对象不止一个，便能使用比较的方法。所谓比较，就是找出多个案例之间的异同，揭示各自的特质。对无法采用实验研究方法的社会科学来说，比较是非常重要的方法。

比较有定性和定量之分，需要收集相应的定性资料和定量资料。这个环节被称为资料收集。

如第一章所述，资料有一手与二手之分。一手资料是你作为"观测器"直接从研究对象那里采集来的，二手资料则是别人加工处理过的。对现有资料的二次编辑固然能创造出新的信息，但社会学终究是一门经验科学，所以我一贯要求学生，在做社会学研究时务必以原创的一手资料（无论是定性资料还是定量资料）为基础，加工与生产信息。

一手资料可以是定性的，也可以是定量的。定性资料主要是观察和访谈获得的语言化资料。定量资料则是通过统计、问卷调查等渠道获得的量化资料。不过，量化资料终究也是语言资料，所以定量资料与定性资料并不冲突。

然而，在问卷调查这种事先给出回答选项的情况下，由于选项本身就来自名为"假设"的预判与偏见，定量调查得出的结果超出假设的可能性相对较低。

至于定量资料的分析，如今有各种统计软件等便捷工具可用，分析方法也愈发精练，为此研究者至少得处理上百的大量资料。与资料处理的成本相比，分析结果的发现相对较少，所以我认为这么做研究的性价比不高。因为定量调查往往会在花费大量时间和精力后得出"果然如我所料"的结论。

为了发现超出假设和预期的资料，"其他"是问卷调查必设的项目。"其他"中的自由回答栏是孕育新发现的宝藏，但在统计处理的过程中往往被忽略。我们还需要为无法回答或无法选出预设答案的受访者设置 NA（No Answer）和 DK（Don't Know）的选项。NA 多意味着问题不恰当，DK 多则说明选项不合适。

也有从头到尾让受访者自由填写的开放式问卷。但实际操作一下，你就会意识到后期的资料处理有多麻烦。事先准备好选项的问卷叫预编码问卷，没有预编码的开放式问卷则是回收后再编码的后编码问卷。后者的费时费力程度绝非前者可比。

比起定量研究，我本人更喜欢也更擅长定性研究。原因之一，定性研究可以用相对较少的资料获得相对较多的发现，研究性价比更高。原因之二，全面归纳分析定性资料更容易得到超出假设的发现。在定量资料中，不包含在统计平均值内的资料被称为"异常值"，在统计处理环节往往会被视为可以忽略不计的少数。

但在定性资料中，异常值和超常型案例有可能成为用于解释其他大多数"类型"的重要对照样本。在开展定性调查时，除了预测效果并控制变量样本之外，甚至会在研究设计阶段刻意加入例外案例用作样本。在这种情况下，即便对照样本仅有一两例，也有可能发挥出强大的解释作用。

比方说，在调查宗教组织的活动时，可以将一两个脱离组织的人纳入研究范围，而不只研究隶属于该组织的活跃成员，如此一来便能有效获取绝无法通过组织主要成员获取的盲点资料。来自对照样本的资料还能揭示出仍归属该组织的成员的特质。我们也可以特意借助定量研究找出异常值。若能锁定带有异常值的案例，哪怕数量不多，也不妨深挖一番，开展访谈调查。

分析资料

资料收集的下一步就是分析。资料收集的问题在于，一旦收集到一定量的资料（无论是定量还是定性），便会品尝到成就感而心满意足。在定量调查中，回收上百份问卷是一项艰巨的工作，光是将回答输入统计软件也要费不少工夫。定性调查也一样，田野调查本就费时费力，如果是访谈调查，在大量的访谈音频资料摆在面前时，我们很容易产生"一桩大事已了"的错觉，就此止步不前。音频资料无法直接使用，必须整理成文字稿，可即便是非常熟练的老手，整理文字稿所需的时间也是实际采访时间的两三倍之多。哪怕只是完成一项枯燥且考验耐心的工作，人也难免会生出自己办成了一件大事的错觉。

经常有学生把定量调查问卷的汇总结果或定性调查收集到的样本案例拼凑成一份报告就交上来。但那只是调查报告，算不上研究论文。资料收集仅是资料收集。只是指出收集到什么资料，是远远不够的，我们还需要分析并阐明能从中得出怎样的结论。研究的目的，就是按照自己制订的研究计划，将恰当的资料嵌入恰当的脉络加以诠释，并用易于理解的模型呈现出来。

因此，资料收集之后才是重头戏。还有资料分析这项关键任务等着我们完成。

研究的时间和精力最好一半分配在研究计划到资料收集的阶段，另一半则用于资料分析和撰写论文。换言之，输入与输出各占一半会比较理想。人类学家的田野调查也是一样的，如果你在当地收集资料的时间长达一年，后期将其整理成论文也需要一年以上。

定量领域已经开发出相关系数、显著性检验和聚类分析等方面的统计软件。人人都能根据假设来组合变量，让数据说话。但若想要解答的问题不够明确，研究者还是很容易陷进资料堆成的高山。

那定性资料又该如何分析呢？

定性资料通常以语言信息的形式积累在我们眼前，比如田野笔记、访谈数据等。访谈时间一般为每人一至一个半小时，整理成文字稿约为三四万字，相当于二三十页A4纸。多个案例的资料累积起来，很容易将研究者吓得茫然自失，不知怎么分析才好。

结果往往演变成研究者按照最初假设的"剧本",只挑文本中最好用的部分,写成临场感十足的文章蒙混过关……这样不可能有超出假设的发现,也挖不出深处的资料,好好的宝藏就这么给糟蹋了。定性研究的可信度之所以低,正是因为研究者无法洗清任意使用资料(只用有利于自己的信息,忽略不利的信息)的嫌疑。

　　全面彻底地归纳分析定性资料,让资料自己说话……对于基于证据的经验科学而言,若有效使用定性资料,就算案例再少,也可以据此提出铿锵有力的主张。

京都学派的信息生产法

　　我一向采用由川喜田二郎先生❶开创的KJ法(川喜田,1967/1970)改良过的"上野式定性分析法"❷(上野,2017)。

　　毕业于京都大学、人称京都学派❸旗手的梅棹忠夫先生❹出

---

❶ 川喜田二郎是深耕尼泊尔的人类学家。他发明了一种从田野笔记中系统提取田野调查遇到的毫无脉络的资料并将其脉络化的方法。后来他创办KJ法推广协会,在信州移动大学等平台开展实际的推广工作。

❷ 上野千鹤子监修,一宫茂子、茶园敏美编,2017,《话语分析——〈即学即用〉上野式定性分析法的实践》(《生存学研究中心报告》27号),立命馆大学生存研究中心。可在立命馆大学生存研究中心主页免费查阅。http://www.ritsumei-arsvi.org/publications/index/type/center_reports/number/27

❸ 有别于以哲学家西田几多郎为中心的战前京都学派,战后的京都学派特指以梅棹忠夫等人类学家为核心的独特研究团体。成员包括社会学领域的加藤秀俊、生活学领域的川添登和现代风俗学领域的多田道太郎等。

❹ 日本文化人类学的领军人物。在文化人类学领域之外同样活跃,提出了自成一派的文明论,对诸多领域产生了重大影响。

过一本《智识的生产技术》（梅棹，1969），对我多有启发。但我的分析技术不是在大学里培养出来的。在难以糊口的研究生时代，我在一家名为CDI（Communication Design Institute）的小型智库做过兼职。这家智库规模虽小，却在关西地区独树一帜，梅棹先生、川添登先生❶和小松左京先生❷都在合伙人之列。智库会分配课题给我调查研究，研究结果要当着合伙人老师的面做简报。现在回想起来，如此奢侈的训练机会着实难得。

CDI最常用的就是KJ法。同一时期，关东也出了一本以类似的定性调查法为卖点的会员制市场信息专刊，那就是巴而可出版局的月刊《ACROSS》❸。当时已经可以用计算机处理海量资料，正是定量市场调查的全盛时期，这本专刊却坚持做小体量的调查，不外包任何署名稿件，在趋势观察和预测方面表现得十分抢眼。而且，每一期由编辑部策划的调查报告都呈现出极高的水准，品质稳定，想必编辑都具备相当丰富的专业知识与经验。后来我才了解到，编辑部传承了今和次郎的考现学、川添登的生活学乃至赤濑川原平的路上观察学等民间学传统，采用与KJ法近似的定性分析法。专刊创始人是当时的巴而可董事长增田通二。社会学家三浦展先生也曾受教于增田先生，担任过《ACROSS》的主编。

我有幸在千禧年后与三浦先生对谈（上野＆三浦，2007/

---

❶ 生活学的创始人。与梅棹忠夫、小松左京等人为日本的1970年世博会贡献良多。
❷ 日本科幻界最具代表性的小说家。著有《日本沉没》《首都消失》等。
❸ 巴而可出版局发行的创意商业信息专刊《ACROSS》，从1982年至1994年共发行九十七期。

2010）。他告诉我，当年除了巴而可百货的商铺，那本会员制市场信息专刊的全国订阅量不过三百余份，订阅者主要为企业宣传部门，他也纳闷怎么会有位家住关西的女性（也就是我）以个人身份订阅。之所以采用那种定性市场调查法，则是因为编辑部认为，若用当时风靡营销界的美式海量数据分析肯定会被比下去，于是决定用小规模的定性分析闯出一片天，这样效率更高，也有足够的胜算。

  KJ 法便是非常实用的定性资料分析法，可根据经验证据输出可靠的结果。而且，无论是谁，用这个方法都能在处理资料时达到一定水准。我将在下一章为大家详细介绍 KJ 法的进阶版——上野式定性分析法。

第四章

收集并分析资料

8 何谓定性资料

词、话语、叙事

定性资料由观察笔记、访谈资料、文书记录等语言信息组成。还有诸如颜色、形状、人的动作和姿势等非语言信息，但如果要对它们进行分析，就必须先置换成"冷色/暖色""抗拒/接受"这样的语言信息，因此大体上只需要回答如何分析语言信息即可。信息必定被放置在交流的语境下，因此所有作为信息被接收的东西（即使不是语言）都会化作讯息❶。

语言信息有三个维度：①词（word）、②话语（discourse）和③叙事（narrative）。话语是词的集合，叙事是话语的集合，在分类层级上有所不同，我将依次为大家讲解。

①词即单词。"关键词分析"关注的就是词。近年来，计

---

❶ 讯息（message）是信息（information）的一种，特点是能表达完整的意义。例如，甲向乙发电报希望乙马上回来，由于差错在电文中只写了一个"速"字，这个"速"字可以是一个信息，但不是讯息，只有"速归"才能构成一条讯息。——编译注

算机技术的发展大大降低了处理海量数据的难度，使数据挖掘（data mining，从庞大的数据源中挖掘出特定的关键词）成为可能。例如，只需在报刊数据库或推特搜索框中输入"共谋罪"，就能清楚看到相关报道在何时达到巅峰、该词在推特的出现频率有没有上升，却无法根据搜索结果了解那些报道或推文对设立共谋罪持肯定还是否定态度。在搜索时添加"支持""反对"等相关单词，便能得到包含评价的讯息。可若不想止步于分析最直白的"支持"或"反对"，还想分析"有必要设立共谋罪""对设立共谋罪表示担忧"等表达并判断其态度是肯定还是否定，那就需要准备大量的替换表达，但不可能做到面面俱到。基于大数据的数据挖掘看似无所不能，但终究存在局限性。因为它只能分析关键词和相关单词，无法开展话语分析。

②话语因米歇尔·福柯的话语分析 ❶（Foucault, 1976）而备受瞩目，可"话语"究竟是什么呢？这个问题还真不好回答。话语最狭隘的定义是"大于词的语义单位"。但也有像"（给我）水！"这样单词成句的情况。同理，在某些语境下，仅凭"共谋罪（不可饶恕）！"也能传达负面讯息。话语通常由两个以上的词结合成有意义的句子。这些句子就是话语的单位。

多个话语的集合就是③叙事。叙事是用连词串起的多个话语。最简单的叙事是用"然后"将句子按时间顺序串联，我们称之为

---

❶ 福柯的《性史》（*Histoire de la sexualité*）因提出话语分析的方法而闻名，但它没有回答"将什么作为话语集合""能否保证话语的全面性"等问题。关于话语分析的方法论，可参考赤川学的《性的历史社会学》（1999）。

因果关系。所谓因果律，就是 A 事件发生后大概率会发生 B 事件，仅此而已。"A 之后发生了 B，B 之后发生了 C……"则称叙事。叙事必然存在结构，A ⟶ B ⟶ C 的叙事与 A ⟶ B ⟶ D 或 B ⟶ A ⟶ C 的叙事有着不同的结构，所以属于不同的叙事。历史和个人史总是 A 后发生 B，B 后发生 C……仿佛 A 是 B 的因，B 是 A 的果，但也仅仅是"仿佛"而已。事件发生的顺序也许只是巧合，但寻求解释是人的天性。当事态最终发展到 C 时，如果被解释成"必然"，人就会接受这个结果。叙事就是为这种解释服务的装置。

顺便提一下福柯的谱系学吧。福柯为历史学引入了谱系学这一新概念。以往的历史学基于带有目的论色彩的因果律，如定向演化学说和发展史观，而谱系学只描述变化的先后，不试图证明，也认为无法证明变化的必然性，而且会就历史的转折期提出"也许会发生的其他可能性"。加藤典洋先生将这种谱系学方法精辟地描述为"倒推历史的鬼脚图"。谱系学将历史学从目的论史观中解放出来，扩大了历史的构想力。

先说结论：语言信息是话语的集合，将这些话语进行脉络化并编织成叙事便是"撰写论文"。因为论文是一种语言作品。

如何分析定性资料

田野笔记、备忘录、访谈记录……语言信息在面前堆积成山，你却不知该从何下手。无法解释含义的信息就是噪声。"说明"则是从一堆噪声中提取有意义的信息，并赋予它们具有一定秩序的脉络。

为此，人类学家川喜田二郎先生发明了一套专门方法。后人取他的姓名缩写，称之为 KJ 法[1]。而我将与大家分享的是 KJ 法的升级版——上野式定性分析法。

人类学家总是走到哪里记到哪里，田野笔记充满了毫无脉络的信息。用哪个、不用哪个，几乎全在研究者的一念之间。川喜田先生则将这个信息处理过程透明化，打造出谁都能上手的经验性归纳分析法。后来，扎根理论法（GTA）[2]传入日本，长年践行 KJ 法的人都在心里嘀咕：搞什么嘛，我们早就用上这个法子了！而且实际操作一下，你会发现 KJ 法比注重概念词的 GTA 更适合话语分析。

扎根理论法的"扎根"意为基于经验数据。正如循证社会科学这一术语所示，社会科学是一门经验科学。虽然人们时常质疑定性分析取决于研究者本人的意图而不具备可信度，但只要运用 GTA 和 KJ 法，有多少经验证据就能得出多少结论。

KJ 法的原理非常简单：先对信息进行"去脉络化"，然后"再脉络化"即可。借用川喜田先生的说法，就是在重重迷雾般的信息中找出一条路来。在此过程中附带获得的再脉络化（路），就是信息处理的产物。

---

[1] 定性资料处理法，以其发明者川喜田二郎（Kawakita Jiro，京都学派的文化人类学家）的姓名首字母（KJ）命名，可广泛应用于发现问题意识、总结收集到的资料、引导共同讨论等。

[2] grounded theory analysis，社会学家巴尼·格拉泽和安塞尔姆·施特劳斯开发的分析方法，从定性资料中基于证据得出理论。参考文献为格拉泽 & 施特劳斯《发现扎根理论》(1967)、木下康仁《扎根理论法的实践》(2003)。

市面上有不少 KJ 法的指南读本，但照着书本学习 KJ 法可就大错特错了，无异于在榻榻米上学游泳。不管三七二十一，先动手实践一下，用身体去记忆，这才是掌握 KJ 法的唯一途径。尝试过后，你就会发现 KJ 法是一种可以传播和学习的经验知识，而且极具说服力。

图表 8-1 是我实际授课时使用的 KJ 法操作指南。

1. 何谓 KJ 法？
   KJ 法是一种定性资料处理法，以其发明者川喜田二郎（京都学派的文化人类学家）的姓名首字母（KJ）命名，广泛应用于寻找问题意识、总结收集到的资料、引导共同讨论等方面。
   参考文献：川喜田二郎《构思法》《构思法 续篇》（中公新书）

2. 需准备的物品
   KJ 卡®、白板纸、橡皮筋、记号笔（各种颜色）、签字笔（红黑两色）、黑色圆珠笔（每人一支）、透明胶带

3. 操作步骤
   3.1 制作卡片
       方法：讨论 / 访谈 / 头脑风暴 / 分配任务
   3.2 卡片分组
   3.3 制作"门牌"（范畴化）
   3.4 布置
   3.5 寻找关联
   3.6 讲故事
   3.7 发现与课题

4. 制作卡片的规则（信息单元化）

4.1 "一卡一信息"原则
4.2 写内容而非主题（参考新闻标题：5W1H❶）
　　"女性的适婚年龄"——"从圣诞蛋糕到过年荞麦面"❷
　　卡片的有效性（So what 测试）
4.3 简洁明了
4.4 措辞平实易懂，充分发挥发言本身的个性
　　"婚外性行为的自我中心性"——"想搞外遇但忍不了伴侣有外遇"
4.5 可以用自己的话整理（信息加工不可避免）
4.6 字要又大又清晰（每张卡片不超过两行）

5. 所需时间
　　收集信息：最多 1.5 小时（制作卡片 1.5 小时）100~200 个信息单元
　　卡片处理：1.5 小时
　　即每轮约 3 小时

6. 参与人数
　　1~10 人（4~5 人为宜）

7. KJ 法的文章化（撰写报告）
　　可（由任何一位参与者）撰写集合报告
　　基本信息（属性）分析涉及的自变量
　　半结构化访谈 = 封闭式问题 + 开放式问题

图表 8-1　上野式 KJ 法操作指南

---

❶ 一种分析问题的思维方式，5W1H 分别指何人（Who）、何时（When）、何事（What）、何地（Where）、为何（Why）及如何（How）。
❷ 在大多数女性二十出头就结婚的年代，过了二十五岁还没有结婚的女性被称为圣诞蛋糕，意思是"过了二十五就要打折处理"。后来婚龄日渐推迟，人们改将二十九岁视为分水岭，将那时还未结婚的女性称为"（大年三十吃的）过年荞麦面"。

下面就为大家依次讲解。

KJ法的关键是信息单元化。单元化是去脉络化的前提。

为确保"一信息一单元",名为"KJ卡"的特殊记录用纸应运而生（图表8-2、8-3）。KJ法推广协会为这款2cm×6cm的自粘卡纸注册了商标并独家销售,并非随处都能买到。虽然后来其他厂商也陆续推出类似的卡纸,但法律禁止别家销售完全相同的产品。KJ卡与其他卡纸的区别在于：①卡片有黑色边框（便于后期分析时识别信息单元）。②卡片上有易撕线（方便对信息做去脉络化处理）。大家不妨拿几张KJ卡和其他厂商的产品对比看看。在这么方便的产品问世之前,我们只能自己裁剪纸张,用胶水或透明胶粘贴。双面胶的出现大大降低了操作难度。用便利贴代替也不是不行,但考虑到后期的分析,卡纸的尺寸还是很重要。

图表8-2　KJ卡　　　　图表8-3　KJ卡（实际尺寸）

收集定性信息的方法不止一种。比如川喜田先生这样的人类学家在田野笔记里收集观察资料和发言记录。有时我们也会对信息提供者开展面对面调查，称"访谈"。访谈可分为个访与群访，通过这两种访谈获得的信息当然有所不同。智库与企业还会通过头脑风暴收集创意。最近还出现了各种新的资料分析方法，比如世界咖啡馆❶和思维导图，甚至还有专门负责促进讨论开展的引导师，但其基本原理与 KJ 法并无太大差别。

我时常在课堂上播放 15 分钟左右的录像，要求学生将从录像中得到的发现转化为至少 10 个资料单元，或者让学生在校园里自由活动，要求他们将观察结果转化为至少 10 个资料单元。即便是看惯了的校园，单纯路过与专心观察时的收获显然大不相同。Do House 株式会社的小野贵邦先生将 KJ 法运用在市场营销领域。他要求家庭主妇与伙伴用一小时左右展示新商品，并在不做笔记的情况下收集至少 100 个资料单元。久而久之，主妇被培养成了信息生产者。在相同条件下要求一批人生产信息，就能看出每个人的生产效率各不相同。哪怕是在课堂实践环节让学生分组互做自我介绍访谈（每人 30 分钟），差距也很明显。有些学生只能从搭档那里勉强获取十几个信息单元，有些学生却能在同样的时间内拿下近 50 个信息单元。

KJ 法可以一个人用，也可以好几个人一起用。硬要选的话，

---

❶ 也称"知识咖啡馆"，参与者被分为多个小组，并尽可能频繁地更换讨论组，与不同的人交流并不断加深讨论，因讨论环境或氛围往往布置得如咖啡馆一般而得名。——编译注

用在多人参与的小组合作会更好一些，因为它很适合用来整理并分析立场不同的几个人说出的互不关联的信息。"单人KJ"当然也是可行的。因为KJ法有助于在设定问题之初就将尽可能多的无脉络的想法转化成信息，呈现出研究者自己都没有意识到的隐秘关联。不过KJ法在多人参与时效果更佳，因为别人能提供一些你没注意到的意外信息。参与人数也有讲究，以4到7人为佳，最多不超过10人，否则难以控制局面。这也是世界咖啡馆和小组漫谈会要分成若干小组进行的原因所在。

KJ法小工具

KJ法会用到几种小工具。最重要的当然是KJ卡或替代品。橡皮筋、记号笔、白板纸、透明胶带等常规文具也要提前备好，还需要足以铺开白板纸的空间。

填写信息单元时要用黑色圆珠笔，不要用铅笔，因为铅笔字看着费劲。只要写上了，原则上就不擦。

KJ卡上的文字应清晰易辨，最多不超过两行。将信息单元化，就是提高信息的独立性，使其在脱离语境后也能传达意义，因此最好是像新闻标题那样点明5W1H（但也并非六个要素缺一不可）。容我再强调一下，信息不是词，而是话语。只要是有意义的句子就行。

生产信息的方法

信息可通过观察、头脑风暴、小组讨论、访谈等方式获取。

如此获取的都是一手资料。如果你选择观察，则需要以命题形式将观察所得转化为语言信息，比如"从 K 先生的反应看，他觉得新品一般般"。如果你手头还有"K 先生加入了消费合作社"这一信息，也许就能通过这两个信息单元获得一个新发现："消费合作社的成员在日常消费中对商品要求较高，新品可能达不到其要求的水准。"

开展头脑风暴或小组讨论时，应指定专人记录。要是觉得一个人记录负担过重，不妨安排发言者旁边的人记录。大多数人惯用右手，所以事先规定每个人记录左手边的人的发言即可。左耳听，右手写。但大家毕竟不是专业的速记员，只能记下概要。让发言者右边的人做记录的好处在于，发言者可以时不时瞄一眼，指出"这里不对"，当场订正。开展群访或小组讨论时，最好在卡片一角写上发言者的代号，以便日后追溯，如用 50M1 表示"50~59 岁男性 1 号"。

记录者的偏见与噪声必然会影响写下的概要。在生产一手资料的过程中，噪声避无可避，必须做好思想准备。

"一卡一信息"是必须坚持的铁律。通常，一句话里若出现连词（"然后""但是"），便可以此为节点，将一句话切割为多个信息单元。人有时会拖拖拉拉说一大段，在这种情况下，单次发言会产生多个信息单元。发言内容可以简要概括，但发言的口语特征和拟声词等要尽可能收集并充分利用，说不准日后可以成为研究的关键词，如"财政部长对性骚扰的容忍态度让人窝火"或"优哉游哉、开开心心地度过晚年"。

资料单元化

访谈调查可谓收集定性资料的"王道"。下面就聊聊访谈信息要如何单元化吧。从访谈获取的资料以语音记录为首。语音记录无法直接使用,需要转成文字稿。虽然可以逐字转录,但这么做非常费时费力,所以有了语音转写员这样的工作。想节约时间的话可以外包,只是外包需要花钱。如前所述,这个环节很容易产生"办成了一桩大事"的成就感,对着堆积成山的文本茫然自失。

一个半小时到两个小时的语音记录转成文字稿大约是四到六万字,相当于三四十页 A4 横版报告纸的分量。如果采访十个样本,那就是足足三百多页,远超一部巨著的体量。

而且口头发言往往重复且冗长,还有停顿、犹豫和沉默。在精密的会话分析中,停顿、沉默、话题转换等是语言信息附带的副语言讯息(paralinguistic message)❶,可能有重要意义,但我们要分析的终究是语言讯息(linguistic message),即内容。语境和副语言讯息先忽略不计。

有些注重定性研究的导师会要求学生像苦行僧一样,亲手把收集到的语音记录逐字转成文字稿,用身体记住资料的重要性。但这种人偏偏不会告诉学生该如何分析积累起来的资料。

KJ 法原则上不将语音资料逐字转成文字稿,很是省力。不间断地播放语音资料,实时记录内容即可。这个环节的关键在于将信息分解成单元,为后期去除语境打下基础。这就是生产

---

❶ 又称非言语讯息(non-verbal message)或语境讯息(contextual message)。

信息单元。要是有助手帮忙，甚至可以在访谈时当场生产信息单元。如此一来，生产信息单元的工作便能与访谈同步结束。

根据我的经验，一个半小时到两个小时的访谈调查能够产出的信息单元为一百到一百五十个。就算聊得很愉快，信息量看似有点大，也不会超过两百个，这也是一次能够处理的极限量。处理一百到一百五十个信息单元，总比处理四到六万字的文本容易多了。

GTA 则是将转成逐字稿的文本分割成句。在信息单元化和去除语境这两个维度上，两种方法有着异曲同工之妙，但我认为 KJ 法更高效一些，GTA 也没有 KJ 卡那样的精妙工具。在美国第一次接触到 GTA 时，我的第一反应就是"KJ 法高效多了"。要是没有语言障碍，KJ 法本可以走出国门，火遍全球。

信息单元为了去除语境，必须切割得十分细碎。正版 KJ 卡上的易撕线就是为这个环节服务的。不过在撕开之前，请大家先复印好按时间顺序记录的整版 KJ 卡，留存原本的语境。如此一来，后期核对一手资料时更容易追溯语境。访谈获取的大量一手资料中，能直接在正文中引用的肯定寥寥无几。在后期分析过程中遇到让你灵光一闪的关键词或资料，再回溯原始音频，将相关部分转成文字稿也不迟。引用当事人的原话更容易打造出临场感，还能省下将整场访谈转成文字稿的精力。

资料收集就讲到这里。通过上述方法获取的一手资料就摆在我们眼前。下一步该怎么办呢？

答案就在第 10 节。

9 如何开展访谈

何谓半结构化访谈

在深入讲解如何分析定性资料之前,让我们稍微绕点路,聊一聊定性资料收集的王道——访谈。因为有关"何谓访谈""如何开展访谈"的知识少得出奇。

说起定性研究,大家最先联想到的就是面对面调查,即访谈。先解释一下访谈到底是什么吧。大多数访谈是半结构化的。非结构化访谈类似"请随意聊聊你自己"。询问生活史时常会用这种问法,但出生年份、出生地、父母职业、兄弟姐妹的排行、学历、婚育情况等基本信息总归是要问的。对多个样本开展访谈时,需提前设定好每个样本都要问的共通问题,否则后期很难比较。若采用这种访谈方法,调查几乎不可能一次性完成,因为调查者需要在不带调查意图的状态下开展参与观察,在此过程中收集受访者的发言,或者与之接触两三次,建立长期关系。反过来说,在这种情况下,听到什么/漏掉什么都取决于调查者。与田野笔记和观察记录一样，通过非结构化访谈收集的资料往往还是在调查者的解释框架之内，除非调查者把受访者的发言全部记录下来。

而彻底的结构化访谈有事先敲定的问题，采取一问一答的形式。有时甚至会给受访者几个选项，让他们从中选择，与问卷调查法差不多。如果想获得完整的回答或提高回收率，也可以派遣调查员与受访者面对面访谈，以切实获取回答。

半结构化访谈介于这两个极端之间。难得受访者就在眼前，调查者可以针对受访者的回答追问"为什么""当时有什么感受"等等。这种访谈的优势在于，容易引出无法通过一问一答获得的深层回答。

开展半结构化访谈时，调查者应巧妙引导，让受访者掌握谈话的主动权。还有一点需要注意：多问让受访者展开叙述的问题（如"为什么""怎么会"），少问能直接回答 YES/NO 的问题。事后听访谈录音，如果调查者说得比受访者还多，那只能说这场调查是不合格的。总结受访者的回答（"刚才说的是这个意思吧"），让对方回答 YES/NO 也不行。就算受访者支支吾吾或沉默不语，也请耐心等待，静候受访者用自己的话语给出回答。

访谈不需要辩论和反驳。即使你不认同对方的说法，也要随声附和（随声附和不等于同意），然后追问"您为什么会这么想呢"，深入理解对方。

"对受访者来说什么最重要"取决于受访者本人。万一受访者聊起看似与调查主题无关的事，最好也别打断。我有位专门设计银发族公寓的建筑师朋友。他会采访自己设计的房子的住户，了解他们的居住感受。他说有时需要花整整五个小时陪老人家聊天，只为得到一个问题的答案："住在这儿感觉怎么样？"而老人家就想找人陪自己聊聊天。从天而降的采访者对他们来说也是意外之喜。不过朋友也说，看似浪费时间的闲聊能揭示老人的生活史、家庭背景和困扰的问题，对日后的设计工作大有助益。

再比如，我在调研老年人的消遣时，一位受访者主动谈起自己的信仰。后来才知道，宗教活动正是其社会资本（Putnam，2000）的一大来源。幸好访谈时我没有用"我不是问这个"来打断对方。

对象抽样

开展访谈前，需要对目标人群进行抽样。问谁？问什么？为了回答这两个问题，我们必须明确抽样标准，如性别、年龄、职业、学历、收入、地区、家庭结构、生活史等。样本的规模也很重要。由于访谈的资料收集和资料分析环节都很耗时耗力，样本数应控制在一百以内。以一人之力对多达三位数的对象开展访谈调查几乎是天方夜谭。

以立命馆大学上野研讨组的中野圆佳同学的硕士论文为例：她的样本数为十五人，研究主题是"因男性动机而就业的综合职位女性为何因女性理由离职"。"男性动机"指选择工作时只考虑人生价值、成就感与薪酬，而不考虑职场是否对生育友好。"女性理由"则指怀孕生子这种只会出现在女性身上的、"男性没有的"理由。这篇论文后来出版成独著，题为《"育儿假世代"的困境》（中野，2014）。她在出版这本书后辞去工作，如今以记者身份积极促进女性的社会参与。她本人就是在"男性动机"的驱动下入职大企业的综合职位女性。休产假的时候，她不光生下孩子，还拿了硕士学位并出版独著，堪称人生赢家。她对我说过这么一句话："您和其他女性学者对弱势女性充满同情，对精英女性冷若冰霜，可笑傲人生的精英女性也有伤心落泪的时候啊。"这话说得一点儿没错。所以我大力支持她的研究。

她定下的受访者抽样标准是：在2000年至2010年毕业、有学士或硕士学位、入职民营企业（综合职位）、家住大城市圈、已婚、小家庭、正在休或休过一胎产假。换言之，她选择的受访者都以和男性相同的条件获得了女性占比较低的综合职位。她排除了公务员、要求有资格证的职业（护士或教师）和空乘等历来以女性为主的职业，将调查范围限定在"小家庭"还排除了能将女性长辈用作育儿资源的情况。如此一来，"丈夫能否为育儿出力"便成了关键因素。

这套标准显然经过了深思熟虑。选择2000年至2010年进入职场、有学士或硕士学位的女性，是因为女性就读四年制大学的比例在20世纪90年代末急剧上升，拥有本科学历的女性不再是少数，而且进入21世纪后，大企业的综合职位招聘应届生时也开始录用女性。在1986年《男女雇用机会均等法》

施行后步入社会的女性在职场常被视作奇珍异兽，而如今女性担任综合职位已是司空见惯。中野同学说"我们是综合职位第二世代"，这话确实有理有据。再加上育儿假制度已在大企业普及，她们这代人也有强烈的权利意识，认为休育儿假天经地义。毕业于首都圈名牌大学的她们入职的大公司都有完善的福利制度，休育儿假的限制也很少。中野同学开展调查时，符合其标准的调查对象休育儿假的比例高达九成。

当然，符合上述抽样标准的受访者不多。这项研究也可以说是一种当事人研究，因为中野同学本人就是符合抽样标准的精英女性。这种以少数精选群体为研究对象的调查被称为典型调查。典型与平均型是两码事。即使契合调查目的的样本偏离平均值，我们也能通过研究这些典型加深对研究对象的理解。中野同学调查了符合条件的少数样本，归纳出"离职群""离职预备群"和"继续就业群"三种类型，并阐明造成分化的关键因素。

国外也有研究者通过小规模样本得出高效的发现并著书立说。克莱尔·昂格森仅用十九个样本就写出《性别与家人照护》（Ungerson，1987）。照护家人的具体内容形形色色。她提出了"谁照护谁""为什么照护""何时照护"和"如何照护"等问题，深入生活史的细节，揭示了多种照护类型。十九个样本的共同点只有"照护家人"这一项。该书网罗各类事例，包括妻子照护丈夫、丈夫照护妻子、女儿照护母亲、儿媳照护婆婆等等。昂格森表示她在抽样时重点考虑了多样性。即便一个类型只有一个案例，也能通过与其他类型的比较获得许多发现。

昂格森采用人生阶段理论❶作为解释说明的理论框架。例如：丈夫照护妻子多少有种完成任务的感觉，照护是他们退休后的职业替代品；几乎没有尚未退休的丈夫照护妻子的情况，这种情况下的丈夫会用工作所得外包照护妻子的任务；儿媳则将照护老人视作育儿的替代品，将其用作育儿期结束后也不外出工作的借口；等等。昂格森从仅有的十九个案例中得出了精彩的发现。不过这都需要对每个案例开展深入访谈，以获得生活史和家庭关系的详细信息。

信任和调查伦理

田野调查与访谈的成功，建立在调查者与调查对象之间的信任上。这种信任就是所谓的融洽关系（rapport）。Rapport 是法语，指亲密的、相互信任的关系，原为社会心理学术语。征得同意显然是开展访谈的前提条件，建立信任也同样必要，毕竟信息提供者❷不会跟陌生人分享隐私。然而，这也意味着私下说的悄悄话可能会出于研究目的被公之于众。尤其是典型调查关注的特殊案例与案例研究，就算做了匿名处理，也很容易被认出来。在涉及隐私（如性、照护）的调查中，部分信息提供者会产生抵触。

费时费力得来的资料若是无法用于研究，那就跟不存在没

---

❶ 按人生大事划分生命历程，如幼儿期、就学期、工作期、已婚育儿期、后育儿期、空巢期等。

❷ 信息提供者（informant）的含义比"调查对象""受访者"（interviewee）更为宽泛。

什么两样。因此开展调查之前须请信息提供者签署同意书。部分大学有调查伦理委员会设定关卡，事先检查本科生和研究生的调查内容。

但光有这些措施还不够。信息提供者是研究成果的第一位读者。当事人不点头，研究成果就不能发表。如果信息提供者要求撤掉自己的案例，或坚称自己不是这么说的，你也只能打碎了牙齿往肚里咽。就算有录音和其他证据也不行。口头发言的著作权归发言者所有。有著作权就是有改写发言内容的权利。定性调查还会产生很多不会用/没法用的资料，白白浪费时间与精力。但未使用的资料可以丰富语境，让解读更有内涵。

不背叛调查者与调查对象间的融洽关系是调查伦理的核心。一旦违背，调查对象就会受到伤害，不愿再配合。调查伦理看似在保护调查对象，其实也在保护调查者个人与整个学术界。❶

访谈的诀窍

假设调查者与调查对象已经建立起融洽的关系，准备启动访谈了。这个环节又该注意些什么呢？图表9-1就是我多年访谈经验总结而成的诀窍，改编自东京大学社会学研究室专为社会调查实习编写的访谈须知，分为准备工作、访谈当天和收尾工作这三个板块。

---

❶ 调查者在没有建立信任的情况下接连来访，可能导致信息提供者对调查产生抵触、调查地被破坏的情况。

访谈须知1（准备工作）

1. 通过信件或电子邮件提出申请。在申请中介绍自己，表明调查主题、调查目的及资料的处理方法等等。说明访谈的时间和地点，以免给对方造成不便。
2. 估算对方收到申请的时间，适时致电或发送电子邮件询问方便的日期。请对方指定时间地点，敲定日程。
3. 就录音与记录（如录像）征得同意。
4. 就资料的使用方法征得书面同意（事前或当天）。即使已签署同意书，也要保证不在未经当事人同意的情况下擅自引用。
5. 在访谈一天或几天前提醒对方。
6. 准备好相关器材、问题列表、笔记本与谢礼（如有）。

访谈须知2（访谈当天）

1. 按时抵达访谈地点。不可迟到，但也不要去得太早。
2. 日式住宅须在门口脱鞋。脱下的鞋要摆放整齐。不选穿脱不便的鞋。脱鞋后检查袜子是否干净、有无破损。若是光脚穿鞋的盛夏时节，应随身携带干净的袜子并在门口穿上。
3. 寒暄致谢，告知对方访谈的大致耗时（通常为一个小时到一个半小时，原则上不超过两个小时，否则双方都会感到疲惫）。
4. 就录音征求对方的同意。但录音器材要放在对方看不到或不显眼的位置。提前检查电量并试录，尽可能避免技术性问题。
5. 不要给对方看问题列表。如非必要，自己也尽量不看。提前将大致流程牢记在心。
6. 从容易切入、容易问的问题问起（比如确认已知事项）。
7. 明确谁负责提问，谁负责记录。一人很难同时兼顾。
8. 不要重复问定量调查时已经得到回答的问题，提问要更加深入。
9. 不要问可以用YES/NO回答的问题。
10. 不要用自己的话概括对方的发言。
11. 不要采用一问一答的形式。

12. 视对方的回答灵活追问（"为什么""当时有什么感受"等）。
13. 话题跳跃和转折时不要打断。
14. 鼓励对方畅所欲言。（"对受访者来说什么最重要"取决于当事人而非调查者。）
15. 不要打断对方，要表现出饶有兴趣的样子。
16. 对方不想谈或不愿回答时，不可强行逼问。
17. 对方感到疲倦或难以继续时，应立即中断访谈，或优先问关键问题，尽早结束。须对形势做出准确判断。
18. 稍后再补充遗漏的问题。
19. 开始访谈的契机固然重要，但结束的时机更难把握。不要频繁看表。可借助关键句把握结束时机。对方一旦说出"就像我刚才说的"，就说明谈话已进入重复模式。实在难以结束时，抛出"不好意思，我接下来还有事"也是权宜之计。
20. 询问追加调查的可能性，以便与对方保持联系。（"如有遗漏，可以再给您打电话/发邮件询问吗？"）
21. 记录联系方式（如地址、电话号码、电子邮箱等），以便后期请对方确认案例报告。
22. 致谢并奉上谢礼（如有）。收拾对方提供的茶点（如果对方表示不需要，不做也无妨）后告辞。

访谈须知 3（收尾工作）

1. 次日通过电子邮件或信件致谢。
2. 如有追加的问题，通过电子邮件或电话询问。
3. 引用的部分务必请对方过目，征得同意。
4. （若对方有要求）寄送报告、论文等成果。
5. 访谈所得若要发表在报告、校内论文以外的公开刊物上，须再次征得对方同意。

图表 9-1　访谈须知

在面见调查对象之前，请大家先通过电子邮件或信件提出访谈申请，说明自己的身份、调查目的、打算如何使用获取的资料，并告知对方引用时会提前征求同意。用过的资料将如何管理也要解释清楚，以免对方担心，如承诺所有数据都会做匿名化处理并妥善保管等。调查结束后打算如何销毁也要一并告知。与对方协商好日程，敲定具体的时间地点，并提前告知"用时不会超过×个小时"。如果要录音，务必事先征得对方的同意。提前寄送调查同意书也很必要。近年来，调查伦理方面的规定愈发严格，使用资料前也要先征得调查对象的书面同意。

那么访谈当天呢？

仪表干净整洁，举手投足彬彬有礼，这都是最基本的。见了面要打招呼，如有需要还可以备一份见面礼。光脚穿鞋的盛夏时节要多留个心眼，因为日本人有脱鞋进屋的习惯。去别人家做客时，最好带一双干净的袜子，在门口穿上。

为防止遗漏，访谈往往需要录音，但开始录音前同样要征得对方同意。大型录音器材放在面前难免分心，近年普及的小型录音笔会更方便一些，但也不能擅自录音。访谈前一天要检查器材状态，避免出现没电等低级技术失误。访谈结束后要先道谢再停止录音，不过，关闭录音设备后聊到有趣的话题也是常有的事，不留记录的悄悄话往往才是真心话。即使没有留下录音，也要做好笔记，以免遗忘。

做完自我介绍、说明调查主旨之后，该从哪里聊起呢？半结构化访谈讲究由易到难，也就是从容易回答的问题开始逐渐过渡到比较难回答的问题。半结构化访谈肯定有提前备好的问题列表，但请大家不要把这张表拿出来。可以忽略提问次序，按对方的步调来，以免影响访谈的流畅性。时不时追问"为什么"和"怎么会"，期待对方给出更深入的回答。因为人不会回答没被问到的问题。适时核对问题列表，如有遗漏就说"再追加一个问题"，把话题拉回来即可。

访谈永远是开头容易收尾难。根据我的经验，如果调查者与调查对象是初次见面，访谈大约会持续一到一个半小时。哪怕聊得很尽兴，也就两个小时左右。如果对话持续三四个小时，那就意味着讨论的话题已经变了。而且两个小时几乎是注意力的生理极限，大学的一堂课设定为九十分钟也是这个原因。

你可以靠某些关键句来把握结束访谈的时机。"就像我刚才说的"——如果信息提供者频频抛出这句话，就可以断定访谈变得冗长了。而重复的回答无法提供新的信息。

告辞时（"那今天就先聊到这里……"）请务必感谢对方的配合，并请求对方同意保持联系（"如有遗漏，可以再向您请教吗""以后有问题可以再联系您吗"）。着手分析资料后常有"糟糕！当时怎么就没问这个呢！"的捶胸顿足时刻。人类学的田野调查往往只有一次机会，如今的访谈则不然，借助互联网、电话等通信工具，事后再开展邮件访谈也容易得很。比起线下的面对面访谈，邮件访谈这种不露脸的调查形式在某些情况下更适合涉及隐私主题（如性取向）的调查。在实时通信软件的帮助下，我们甚至可以像面对面访谈那样灵活追问。

　　访谈结束后的收尾工作也不能马虎。感谢信应尽快寄送。与信息提供者保持良好的关系，对追加调查与跟踪调查有百利而无一害。

10 如何分析定性资料

分析与整合

成堆的语言信息单元摆在了你的面前。接下来要做的，就是名为"资料分析"的加工处理。所谓处理，就是对信息①去脉络化后②再脉络化的过程。以下将基于进化版KJ法的"上野式定性分析法"（上野，2017）展开讲解。

分析由"分析"与"整合"两个面向组成。顾名思义，分析重在"分"，整合重在"合"。某条信息与其他信息不同，那就要分出来。如果相似，则要合起来。就这么简单。

"分"与"合"的前提是存在多个信息单元。研究者须逐一探讨某个信息单元与另一个信息单元是否相同。答案只有两个值，不是YES就是NO。这就是二值原理（图表10-1）。二值原理与大脑神经元的突触连接方式有着异曲同工之妙。AI正是对大脑突触连接方式的模仿。再复杂的AI，都是基于二值原理的集成电路构成。

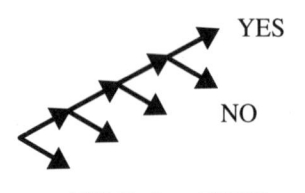

图表10-1　二值原理

按照异同来区分两个信息单元是非常简单的。如果有三个或更多信息单元，就会稍微复杂一些。因为前两个信息单元如果不同，那就需要分别判断第三个与前两个是否相同。要是还有第四个、第五个……操作的复杂程度就会直线上升。

判断异同凭直觉即可，不要想太多。千万不能用关键词分组。我们处理的是话语，而话语是大于词的语义单位，应当基于话语的含义做出判断。因此，信息单元必须具有足以被称为"单元"的独立性，在脱离语境后也具有意义。最贴近日常生活的例子就是注重5W1H的报道标题。当然，全面涵盖5W1H是很困难的，不过可以通过So what（那又怎样）测试检验信息是否具备独立性。

举个例子吧。只有"共谋罪"这么一个关键词，显然无法应对"那又怎样"的质疑。换成"担忧共谋罪"，意思就通了。然而细看信息单元时，你也许会发现"担忧共谋罪是杞人忧天"这样的内容。如果存在另一个说"担忧共谋罪并非杞人忧天"的信息单元，用关键词"共谋罪"整合两者就是错误的，因为信息的含义不同。（现阶段）只有人类才能解读话语的含义，AI没这个本事。基于大数据的数据挖掘终究靠不住，因为即使

"共谋罪""担忧""杞人忧天"这三个词以相互关联的状态出现，还是得通读全文才能判断话语是肯定还是否定。

分析与整合所有信息单元，逐一判断异同，便能得到若干个信息单元的集合。经验法则告诉我，一到一个半小时访谈产生的一百到一百五十个信息单元处理下来往往是二十到三十组。

也许这就是人眼和人手能够处理的物理极限。

经验法则是个很有意思的东西，它阐述的是无论试几次都会呈现的倾向，但为什么会得出那样的结果就不得而知了。社会学领域有一种针对非正式群体的小群体研究。不知为何，小群体的规模上限基本就是十五人，一旦超出，群体就会一分为二。十五人的小群体一分为二，每组就是七八个人。我曾在关西地区研究近三百个女性群体，发现群体规模大多都是七八个人，巧得惊人（上野，2008）。从经验上看，七八个人的确是能围着一张桌子分享同一个话题的人数上限。说不定这也和人体的物理极限有关。

人体的物理尺度决定了信息处理的极限。一百到一百五十个信息单元，也是借助KJ卡在白板纸上处理信息时，手眼能顾及的极限。实际尝试一下，用同样大小的空间处理两百个信息单元还是可行的，可一旦超过这个数量，最好还是略做划分，减少信息单元数后再操作。

近年来，市面上出现了按KJ法思路编写的数据处理软件，但能在电脑屏幕上处理的数量和看得清的文字大小都存在一定的限制，所以我还是更倾向于手工操作。通过动手将脑内作业可视化，资料处理的过程也能清晰地呈现出来，还能获得成就感。

分类后的信息单元组数以二十到三十为宜，这大概也是我们能够处理的物理极限。如果大于三十，那八成是分得太细了，需要将若干组合并成一个大组。组数小于二十，那就说明分类可能过于粗糙，应细查信息单元的内容，看看有没有可能再做细分。

照片投影法

其实这套分析法也可应用于非语言的定性资料。精神科医生野田正彰先生提出了一种有趣的调查法，称"照片投影法"（野田，1988）。调查对象是不善于用语言表达自己的孩子。他要求孩子们在一天之内拍摄自己中意的任何东西。当年的一次性照相机只有十二或二十张胶片。现在的照相机都是数码的，可以拍摄几乎无限张相片，但还是将张数提前限制在二十或三十比较好，这样后期处理会更容易一些。

野田先生有医学背景，据说他的灵感来源于胃镜。把相机交给难以深入内部的调查对象，也许就能像用胃镜观察消化道状态一样，看到调查对象的眼睛捕捉到的世界。我也借鉴了这种方法，让学生去校园里抓拍照片。

收集来的视觉信息也要进行分析整合，方法与语言信息相同，只需在视觉层面依次判断彼此是否相同即可。最终需要将整合出来的类别转化为语言。野田先生通过这种方法意外地分析出，孩子的内心世界是一片荒芜。大多数孩子的照片是在室内拍摄的窗外风景，画面中没有人物，唯有电线杆和阴天组成的黑白世界。这一独特的方法让我们通过照片了解孩子眼中的世界。至于如何解释分析得来的资料，则取决于解释者的理论装置、分析概念和语境。野田先生将他的调查对象称为"被漂白的儿童"（野田，1988）。也许我们还能从其他角度给出解释和说明。总之请大家牢记，定性资料不仅限于语言信息。

人类行为学

其实我也出版过一本对非语言信息开展定性分析的研究专著，那就是我的"破处"作《性感女孩大研究：女人如何解读、如何被解读、如何引导他人的解读》（1982/2009）。书名起得耸动，内容却是正经严肃的学术研究。在这本书里，我运用人类行为学的方法，分析广告照片中男女模特的姿势和动作。灵感来源是美国社会学家欧文·戈夫曼的《性别广告》（Goffman，1979），可惜尚未翻译成日文。人类行为学自动物行为学发展而来。动物行为学是通过观察动物的行为，厘清无法说话的动物之间如何沟通。所谓人类行为学，就是将这一思路应用于人类，像分析动物一样解释人类不借助语言发出的肢体讯息。动物学家德斯蒙德·莫里斯的名作《看》（Morris，1978）就是该领域的先例。

符号学大师罗兰·巴特（Barthes，1967）曾从符号学角度分析时尚照片。关于广告的符号学研究也不是没有，但大多只将影像视为附加物，更倾向于将文案作为语言信息加以分析。

因为分析照片、影像等非语言信息的难度较高，也不知该如何分析才好，是戈夫曼开创了这方面的先河。我本想翻译原著，奈何日美两国的语境差异太大，于是便决定将同样的方法用在日本的广告照片上，活学活用。

虽说研究的是非语言信息，但最终还是要用语言对某种姿势或动作进行范畴化。例如，居高临下和耸肩的姿势会被解读为"威压"，歪头或抬眼向上看则被解读为"服从"。正如书名副标题"女人如何解读、如何被解读、如何引导他人的解读"（这其实是我最初提议的书名，但被编辑毙掉了，换了个更挑逗的）点出的那样，只要掌握这些身体符号，自然就能发送非语言讯息。话说在女子大专任教时，我在课堂上用幻灯片展示过对广告照片的分析。结果台下的一个学生有感而发道："老师，这下我就知道怎么样才能显得更有女人味了！"这话倒是没错，只要欠身歪头，弯曲一侧膝盖，再抬眼往上看，谁都能摆出"斩男必杀姿势"。这就是"可爱"的姿势，能传达出"我绝不会威胁到你、地位比你低"的讯息。大家不妨试试看。

范畴化

再看下一步。

信息单元组基于相似性整合而成。怎么样才算相似呢？我们需要把凭直觉分类的共同点转化成语言，即范畴化。范畴（category）是个有点难懂的术语，指的是词语蕴含的共同内涵，比如柴犬、吉娃娃和混种狗等都在"狗"这一范畴之内。

容我紧急补充一下：范畴通常是"词"，但我们基于信息间的相似性得出的是意义，是一连串的话语。这也正是 KJ 法与 GTA 的主要差异。在对信息进行单元化和分类之后，GTA 的下一步是基于关键词的范畴化，由此得到约一百到两百个范畴；KJ 法则是将那一连串的话语整合成更上一级的话语。所以严格来讲，KJ 法的这一步并非范畴化，而是产出元信息。如果说信息单元是调查者获取的一手资料，从这些一手资料中产出的便是"关于信息的信息"（元信息）。信息加工（process）就是不断产生信息的过程（process）。

元信息就像是贴在信息单元集合上的铭牌，所以也被称作"门牌"。元信息本身也必须是有独立意义的话语。生产元信息就像是在给报道配标题。单看标题就能大致了解今日要闻，不必细看正文——这样的"门牌"最是理想。

有趣的是，由一手资料产生的元信息也符合 GTA 发现的经验法则：无论一手资料单元是多是少，元信息的数量都相对固定。就算追加一手资料，元信息的数量往往也不会增加许多。比方说，在一项样本数为二十的访谈调查中，即使后期再追加几个样本，都能收入已有的元信息范围，元信息（范畴）的数量几乎不会增加。GTA 将这种状态称为"范畴饱和"（又称"理论性饱和"）。尽管人们对定性研究的样本量过小提出种种质疑，但只要达到范畴饱和状态，调查者便可据此主张样本数对调查主题来说是恰当的。范畴饱和所需的样本数其实并不大。

定位

此时此刻，我们面前有若干组以元信息为"门牌"的一手资料。这些都是话语的集合。

第 8 节提过的 KJ 法小工具终于要派上用场了。

找一张足够大的桌子，铺开一张白板纸，用胶带固定。也可以在白板纸上给一手资料分类。给所有一手资料安上"门牌"之后，就该动用橡皮筋了。看到我之前列出的小工具时，肯定有读者纳闷橡皮筋到底有什么用。我们要用橡皮筋把同一组的一手资料捆起来，门牌（元信息）盖在最上面。如此一来，就看不到一手资料了，视野中只剩下多个元信息。

接着分析这二十到三十个元信息，判断它们彼此的异同。一手资料有五十到一百个，无法一目了然。但元信息不过二三十个，操作时可尽收眼底。相同的放一起，不同的分开放。记得充分利用白板纸的每一寸空间。早在对一手资料进行分类的时候，我们就已经把相似的放在近处，不同的则分散在远处，所以这一步并不难。

这个放到那边，那个归拢到这边……"定位"就大功告成。

下一步是固定信息卡。把橡皮筋捆着的一手资料全部拆开，以元信息卡为门牌铺开成若干组。最后撕开自粘卡片的底纸，直接粘在白板纸上。粘上就不能动了。在铺开卡片之后、最终粘贴之前，必须检查一手资料与元资料之间的一致性（这张卡片应不应该放在这一组？有没有应该移去别组的卡片？能不能进一步细分？拆分开的几个小组能否合并为一个大组？等等）。

确认无误后就可以贴了。N次贴可以叠放，粘贴撕下都很方便，也许用不着橡皮筋这种没什么技术含量的工具。不过论操作的便捷性，KJ卡的设计着实精妙。

制作图表

定位后，就该制作图表了。图表就是海图，能在看不到航线的海面为我们指明前进的方向。图表也称作"因素关联图"。这一步的关键，就是找出话语集合之间的逻辑关系。

话语之间的逻辑关系有且只有以下三种：因果关系、对立关系和相关关系。

所谓因果关系，就是事件A发生后大概率会发生事件B，仅此而已，也可以说是事件A和事件B之间有时间这一变量。在时间轴上排列事件，便是叙事。

对立关系指A和B互不相容。人们常会说自相矛盾的话。

相关关系指A和B同时发生的概率很高，但无法确定哪个是因，哪个是果。社会上存在大量相关关系（包括伪相关）。NHK近期发布了他们用课题解决型AI处理大数据的研究，得出了"四十到四十九岁人群的独居比例上升，自杀率就会上升"的预测。可两者之间真有因果关系吗？这很可能是一种不引入性别、贫困等中介变量就无法解释的伪相关。

下一步是用上述三种逻辑关系串联元信息。用以下三种箭头将各组连接起来即可。

因果关系：A ⟶ B

对立关系：A ⟷ B

相关关系：A ⇌ B

在此过程中，你可能会发现部分元信息无法以任何一种逻辑串联。这时切勿强行联结。确实有可能出现与其他组没有联系的孤立元信息。KJ 法称之为"离群猴"或"孤岛"。KJ 法发明者所属的京都学派有不少人类学家和灵长类学家，因此 KJ 法的术语也有相关研究领域的印记。顺便一提，通过这种操作得来的因素关联图又名"曼陀罗图"。KJ 法的创始人川喜田二郎先生是深耕尼泊尔的人类学家，当地人就把图解佛教经文的画像称作曼陀罗图。图表 10-2 就是因素关联图的成品。

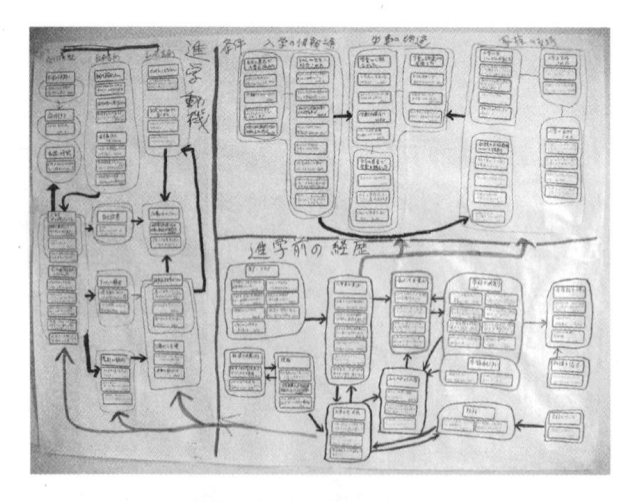

图表 10-2　因素关联图实例
出处：上野千鹤子监修，一宫茂子、茶园敏美编撰 2017《话语分析——〈即学即用〉上野式定性分析法的实践》(《生存学研究中心报告》27 号)，立命馆大学生存研究中心

讲故事

明确了大部分元信息之间的逻辑关系，分析工作就告一段落了。如果有人问佛教的世界观是什么样的，我们可以拿出曼陀罗图，说"看这个就知道了"。❶ 因素关联图展示的就是信息内容相互关联的结构。

但光有因素关联图还不行，毕竟论文必须建立在语言信息之上。如果说因素关联图是二维信息，那么语言信息就是一维信息，即以时间为变量排列的符号的集合。如果说曼陀罗图是佛教经典转化而成的二维信息，那么要解释曼陀罗图的世界观，就必须再次将其转化为语言。

前文已经区分过词、话语和叙事。访谈获取的一手资料是话语的集合，按时间顺序排列。将这些信息拆分并转化为话语单位，就是排除时间这个变量、进行去脉络化的过程。之后为话语组成的信息单元添加逻辑关系，则相当于重新引入时间变量，编织故事。这就是讲故事，又称再脉络化。

再脉络化的话语间的结构不同于原始资料的脉络。信息已被重新处理（生产）过了。信息的再脉络化，也是发现信息集合间连当事人都无知无觉的隐藏结构的过程。沿时间轴讲述这个结构，就是"说明"与"解释"。因为信息以采访者（而非被采访者）可以理解的形式加工过了。

---

❶ 曼陀罗图展现的佛教世界观认为，世间万物都是相互联系、相互依存的关系。——编译注

讲故事的规则

如何将时间这一变量引入到二三十个话语集合之间，讲好故事呢？

我常把曼陀罗图比作毛衣。我们要做的，就是将二维的毛衣拆开，恢复成一维的毛线。动手前得先想好从哪里拆起，到哪里结束。换句话说，在敲定叙事剧本之前，应当先设定好起点和终点。

从哪里开始？锁定起点的方法有两种。

方法一，观察整幅曼陀罗图，找到信息单元最集中的地方。怎么找？很简单——单元越多，该组的分量就越大。"什么是重要的取决于说话者而不是听话者"会以分量的形式直观地展现出来。正因如此，在将访谈资料转化为信息单元时，即便是同样的内容也不能省略，即便有重复也不能偷懒。若是访谈笔记或田野笔记，多次重复的信息往往会被总结成一行。调查者能接收到的信息通常都是自己在意的噪声。但尝试一下这种分析方法，你也许会惊讶地发现，说话者在一遍遍重复被你忽略的事情。换言之，你能在视觉层面直观认识到某个话题对说话者而言很重要。因此叙事可以把说话者认为最重要的地方作为起点，再过渡到没那么重要的地方。

方法二，追踪逻辑关系。这个方法也能在视觉层面实现。请大家分别寻找箭头只出不进和只进不出的话语集合（图表10-3）。以前者为起点，以后者为终点，沿着箭头讲故事即可。

讲故事离不开连词。因果关系会用到"因为""所以"。对

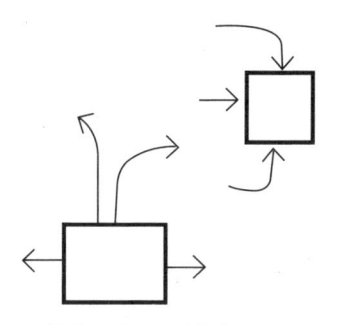

图表10-3 箭头只出不进的集合和只进不出的集合

立关系则用"但是""然而"。相关关系用"同时""随着"。

讲故事也有一定的规则。

第一,所有元信息至少要用一次。第二,必要时提及一手资料。这种情况不妨使用连词"例如"。第三,除连词外,尽量不添加一手资料中没有的信息。为检验报告有没有遵守上述规则,我要求学生在提交报告时用加粗标出元信息,提及的一手资料则加下划线。两种标记都没有的语句越少,就说明报告对一手资料的加工程度越低。图表10-4就是做了标记的案例报告实例。这是立教继续教育学院的樫村隆男同学采访一名毕业生后撰写的案例报告(详见第11节)。报告中没有下划线的部分越少,说明信息的加工程度越低。这种报告的一大优点就是,无论谁来写,都能保证差不多的水准。

如此撰写而成的报告就是所谓的案例分析。案例分析完全基于一手资料,因此就算只有一个案例,我们也能主张自己的结论有理有据,没有随意加工。

案例报告

分析者：樫村隆男
所属：RSSC 本科
样本编码：5M66
基本信息：第 5 届、男性、66 岁、本科学历。60 岁时从保险公司退休，现为 NPO 理事，与妻子和两个孩子同住。

标题："上班族成功重启人生"

1. 申请 RSSC 的动机与满意度

1-1. 不受义务感所限，快乐而有意义地度过余生。

样本在大学毕业后深耕保险行业，38 年来都任职于一家公司。职场环境很舒服，但他认为自己深受公司常识的影响，视野并不开阔。他在参加公司培训时接触到健康寿命的概念，认识到留给自己的时间不多。与其退休后还要受制于他人的指示，被义务感束手束脚，不如按自己的意愿过上快乐而有意义的生活。RSSC 能提供许多可以满足好奇心、开阔视野和活动范围的素材，也能促进建立有助于此的人脉。以上就是他申请 RSSC 的理由。

1-2. 60 岁退休，心满意足。

如今回想起来，他很庆幸自己在 60 岁退休。他有效维护着学生时代与工作时期的人脉，但也对与之截然不同的新人脉表现出了非常高的满意度。

1-3. 想回学校食堂吃顿咖喱饭。

他用幽默的口吻表示"真想回学校食堂吃顿咖喱饭，在图书馆睡个午觉"，体现出对大学生活的怀念与希冀。他在上网时了解到 RSSC，心想"原来还有这种地方啊，太适合我了"。申请 RSSC 并不是为了做学问或拿资格证，而是想有意义地度过有限的健康时光。换言之，他想在这里找到未来生活的基石。他发现 RSSC 里有着和企业社会不同的常识与世界。

1-4. 在 RSSC，没有什么比缘分更重要。

他断言在 RSSC 学习的意义在于"创造有价值的缘分"，"缘分是关键，更是全部"。在访谈中，他反复强调"缘分"一词。他结识了 RSSC 的同学、毕业生和教师，以及由他们拓展开来的各行各业的人，开阔了眼界和活动范围，建立了新的关系，对此十分满足。

1-5. 记住了 90 位同学的名字。

他为自己在秋天之前记住了 90 位同学的名字而自豪。在校期间，他刻意播种，认识了形形色色的人，包括制造业和金融行业的员工、教师和公务员，对此深感满足。他表示自己要在就读 RSSC 时找好志同道合的伙伴，将有意识地建立人际关系网视作个人成就。

1-6. 学费 30 万，比花在喝酒聚餐上的钱还少，性价比高。

RSSC 的学费不过每年 30 万日元，平均到每月就是 25000，比平时花在喝酒聚餐上的钱还少，性价比高。他将学费与自己的饮酒开销做对比，举例说明入学 RSSC 并非经济宽裕者的特权，对 RSSC 的高性价比也感到满意。

1-7. 充分利用大课老师与师兄师姐的人脉。

他高度重视人与人的联系。他觉得上大课很开心，因为能认识年轻人。以前 RSSC 研讨组不分本科与专科，这让他得以结识形形色色的师兄师姐。他与大课老师成为朋友，并在其推荐下申请了另一所老年大学。

2. 毕业后的活动

2-1. 积极从事 NPO 活动，与 RSSC 校友互动交流。

毕业后，他和因研讨组结缘的伙伴共同创办了以援助女学生为宗旨的合租屋 NPO，目前担任理事。没有稳定的会费收入和捐款，NPO 必然会亏损，房屋的日常管理与 NPO 的行政业务都很忙碌，但有多达 80 名 RSSC 毕业生加入，提供各种形式的帮助。

2-2. 运营合租屋确实辛苦。

NPO 须分期偿还合租屋的装修费用，还有学生的伙食费、照顾学生的工作人员的劳务费等开支，运营难度不小。他虽然没有入住合租屋，也不会帮忙做饭，但在行政工作和组织管理方面发挥了上一份工作（保险公司）的经验，还有许多RSSC毕业生以成员和志愿者的身份积极参与其中。

2-3. 在NPO中建立共识需要时间。
他成长在上下级分明的企业社会，对"在NPO的平等关系下达成共识需要时间"这一点略感困惑，但他正在积极努力，同时享受这一过程。

2-4. 毕业后，思维变得灵活了。
他认为，不必要觉得"因为我在RSSC学习过，所以一定要为社会做贡献"。毕业以后，每个人都可以选择要走的路，大步迈进。被问起近况时，他会回答："还是老样子，随波逐流！"但实际上，除了NPO活动，他还参加了千叶大学、老年自然大学、老年社会学会和放送大学的项目，表现出极高的社会贡献意识和学习热情。

3. 考察
"没有什么比缘分更重要"——该样本将RSSC的意义定义为结缘与建立人脉。自大学毕业后，他在同一家保险公司工作38年。60岁年满退休后，他毅然拒绝去子公司继续工作，进入RSSC学习。"不想再过被义务感束手束脚的日子""想建立新的人际关系"……他本人反复强调的话语从侧面体现出"想重置上班族时代的价值观"的愿望。"真想回学校食堂吃份大号咖喱饭""想再回图书馆睡个午觉"等发言则象征着重返学生时代的愿望。
他认为RSSC的意义在于结缘与建立人脉。事实上，他在校期间就有意识地拓展人脉，广交朋友，为如今运营的学生合租屋NPO打下了基础。因此其就读满意度很高，"平均到每月才25000，比平时花在喝酒聚餐上的钱还少，性价比高"。他在毕业后充分利用在RSSC建立的人脉，堪称上班族重启人生的成功案例。

图表10-4 报告实例

生产元元信息

输出到这个地步后，便能进一步开展更深入的分析。

如果说关于信息的信息是元信息，那么关于元信息的信息就是元元信息。每生产一次，信息的维度都会上升一级。例如，我们要俯瞰案例报告，除了探讨里面有什么，还要看到里面没有什么。话语生产存在一定的倾向，福柯所做的正是追问这种倾向为何产生，为什么有些话语会在结构的作用下被生产出来，另一些话语的生产则会被抑制。比如针对某个主题只出现正面话语的原因是什么？有哪些理论上可能存在却没有在现实中出现的潜在话语？没有出现的原因是什么？

一旦问到这个深度，曼陀罗图之外的语境信息就成了解释的装置。这时需要考察时代、世代、年龄、性别、学历、职业等要素之间的关系。愿意配合访谈的信息提供者本就对主题有浓厚的兴趣，对调查者而言往往是正面的样本，因此也可以解释为"存在样本偏差"。接下来分析者要做的就是"考察"，也就是从元信息产生元元信息。

考察也是一种推测（speculation）。speculation 能翻译成思索，也能翻译成臆测。解释者的推测（臆测）便在这个时候介入。这个环节考验的是解释者能根据有限的信息源解释到哪个地步。

信息维度越高，信息生产就越是脱离一手资料，掺杂任意性的可能性也会随之上升。即便如此也能随时回溯到一手资料上，就是这种分析方法的优势。元元信息也能随时回溯到元信息上，而元信息随时都能回溯到一手资料上。因此，我们不仅能展示出自己是根据什么做出推论，还可以随时验证推论是否妥当。

11 超越 KJ 法

矩阵分析

积累若干个案例报告后，便有了研究的主要内容。但分析工作并没有就此结束。如果只有一个案例，那便是专论。可即便是专论，在描述案例时也需要与全国平均水平做比较的相关资料。案例的独特性永远建立在比较的基础上。如果案例不止一个，比较就更是必不可少。在不允许使用实验研究手法的社会科学领域，比较是不可或缺的方法。

本章将与大家分享上野式定性分析法的精华，这部分是 KJ 法没有的。先说结论：这种方法有机结合了案例分析和编码分析，将资料分别放置在案例和比较的语境下开展分析。我称之为"对资料敲骨吸髓"。

请看图表 11-1。这个二维平面以案例为纵轴，以编码为横轴，我们称之为矩阵。编码指调查项目，＋为"有回答"，－为"无回答"。

	编码 A	编码 B	编码 C	编码 D	编码 E	编码 F
案例 1	+	+	+	+	+	−
案例 2	+	+	+	+	+	−
案例 3	+	+	+	+	+	−
……	+	+	+	+	−	−
……	+	+	+	−	−	+
案例 n	+	+	+	−	+	−

图表 11-1　矩阵实例

在半结构化访谈中，所有样本都要回答若干个共通的问题。假设 A 到 C 为共通的结构化问题，则案例 1 至案例 n 都对这些问题给出了回答。如果问卷做了预编码，这些回答的内容就是选项①②③……至于非结构化的部分，则进行定性信息分析，之后通过后编码得到几种类型。

矩阵分析实例

下面引用的矩阵分析实例出自一宫茂子同学之手（一宫，2016）。她在立命馆大学研究生院前沿综合学术研究科取得了学位。她以护士的身份在活体肝移植这个最前沿的医疗领域深耕了近二十年。在此过程中，她用不同于医生的角度，追踪捐赠者对治疗成败的判定。

对医生而言，判断治疗成功与否的标准就是病人（器官受赠者）的生死。病人存活，则治疗成功。病人死亡，则治疗失败。就是这么简单直白。医生只关心病人，不关心会比病人活得更长的捐献者的后续情况。但在与病人和家属的长期接触中，一宫同学发现，对于同意捐献活体器官这种高侵入性治疗方案的捐献者来说，还有种种问题有待解决。从捐献者的角度看，活体肝移植就会呈现出不同的面貌。在被医生判定为成功的生存组中，有部分捐献者心怀芥蒂。而在医生判定为失败的死亡组中，反而有一些捐献者认可自己的行为，并赋予其积极意义。一宫同学跟踪调查了二十个案例，除去三例无法在调查伦理层面征得当事人同意外，对其余十七例做了深入的归纳分析。由此得来的案例和编码矩阵如图表11-2所示。十七个案例以两条分析轴分为四种类型：

受赠者属于S（存活组Survivor）还是D（死亡组Dead）？
捐献者是P（积极Positive）还是N（消极Negative）？

SP（存活组+捐献者持积极态度）和DN（死亡组+捐献者持消极态度）这两类在假设的范围内，DP（死亡组+捐献者持积极态度）这一例外情况则成了解释的关键。其实原本还有一例SN（存活组+捐献者持消极态度）非常耐人寻味，可惜没能征得样本的同意，只得忍痛删除。

矩阵分析的优势

矩阵分析具有重要的启发作用。演绎法并非唯一能带来启发的方法。

有别于演绎法，归纳法能帮助我们了解既有的事物，却不能了解不存在的事物。将案例分析与编码结合起来，便能找出

案例编号	性别	亲属关系	捐赠者的选定 医学理由	性别规范	家庭规范	捐献者的意愿 自发性	强制性	与相关人士关系的变化 当地医生	移植师	移植协调员	护理师	受赠者	家人	亲戚	雇主	周边地区居民	亲历移植的患者\家人	移植患者家庭援助团体	熟人
SP1	男	长子	+	+	+		+	+							+				
SP2	女	长女	+		+		+	+					+	+					
SP3	男	父	+	+			+	+	+										
SP4	女	母		+	+	+		+											
SP5	女	妻	*	+	+	+			+				+	+					+
SP6	女	母		+	+	+		+		+									
SP7	男	父		+	+	+		+	+				+				+		
SP8	男	弟		+	+	+						+	+		+				
SP9	女	妻		+		+		+	+			+		+	+				+
SP10	女	妻			+	+		+	+			+	+	+					+
SP11	男	夫			+	+		+					+	+					
SP12	女	母			+		+		+					+					
SP13	女	母			+		+		+					+	+			+	
SP14	男	夫	*	+		+		+				+	+	+					
DP15	男	夫	*		+		+		+				+	+	+				
DN16	女	婆婆		+	+		+	+					+	+					
DN17	男	夫			+		+		+					+		+	+	+	
合计			3	13	12	13	4	14	3	3	1	6	11	7	9	1	2	1	3

图表 11-2 捐献者决策带来的影响以及与相关人士关系的变化

特定案例中存在而其他案例没有的编码（矩阵表中的空白）。这种情况存在三种解释：第一，初始的一手资料不完整（要么是访谈时漏问，要么是信息提供者没说）导致缺失。第二，逻辑上不可能。第三，逻辑上可能，但没有在经验层面出现。如果是第一种原因，火速开展追加调查即可。第二种原因也可以理解。第三种原因却是至关重要。

福柯认为，在某个话语空间中，会产生特定的话语，另一些话语则是"在逻辑上可能，却没有出现"。话语分析的目的之一，就是阐明话语空间中的扭曲和倾向。处理语言化的一手资料与话语分析相同，因此从元层面判断"什么会出现在结构层面上、什么不会"是非常重要的，矩阵分析便能轻松将之视觉化。

我曾在某女性会馆举办培训。参加那次培训的人共有三类：地方政府公务员、非正式职员和享受政府服务的市民。开展小组讨论时，我本想把不同属性的人打乱分组，后来灵光一闪，干脆按属性分组，之后分析比较各组的讨论结果时竟发现惊人的差异。非正式职员的一手资料中出现了"不满工作待遇"的编码，公务员的一手资料里却没有。市民的一手资料中有"对市民服务的要求"相关的编码，公务员那组也没提到。合并三组的矩阵并比较编码，哪个组有什么/没有什么便是一目了然。对比结果直观地表明，公务员想象不出非正式职员的不满，也缺乏为市民服务的意识。用资料得出的分析结果不容分说，由不得公务员不认。这也是矩阵分析的功效之一。

对资料敲骨吸髓

将案例分析和编码分析有机结合起来，便能把同一组数据放在多种脉络下开展分析。

首先做案例分析。不可随机描述，要贴合自己提出的研究问题、围绕自己想解释的东西对案例进行分类，按类型（如积极组/消极组、成功案例/失败案例）描述。这是沿矩阵的横轴推进的分析。

再以编码为单位，进行编码分析。编码分析的方法与案例分析基本相同。以同一编码集结多个案例的一手资料，进行分析整合即可。虽然有些费时费力，但通过比较可以获得无法通过单个案例得出的发现。同一编码下的多个案例有多分散？影响这种分散的案例属性和因素是什么？与其他样本的数据（国家平均或地区平均）相比，案例集合中的分散（和趋势）存在怎样的偏差？这种偏差体现了样本的什么？为了能分析案例的属性，必须提前为一手资料的单元编一套易于理解的编码。

最基本的原则是，案例分析和编码分析都不能脱离一手资料，要在一手资料的基础上全面彻底地归纳分析。

矩阵分析的输出

矩阵分析的输出也不难，下面我会结合实例为大家讲解。

我任教过的 RSSC 会要求学员亲身实践 KJ 法并提交报告成果。RSSC 是一个成人教育项目，面向终身学习意愿强烈的社会人士，申请者必须年满五十岁，层层筛选后才能入学。

RSSC原本是针对退休的婴儿潮一代和育儿工作告一段落的家庭主妇开设的，不过和其他大学的类似项目相比，它采用了大学特有的小规模研讨组形式，堪称该领域的成功范例。有些求学积极性很高的社会人士觉得光听一次性的文化讲座和面向广大市民的大学公开讲座还不过瘾，想从入门阶段更进一步，RSSC便契合了他们的需求。RSSC要求学员提交论文才能毕业，这道门槛意味着学员不仅要输入，还要输出。我在RSSC开了一门限定人数的"成为信息生产者"的课程。本书就是研讨组的副产品。无论是谁，无论几岁，只要用心学习知识与诀窍，就能成为信息生产者——这便是研讨组的宗旨。学员们都是走过半个多世纪的成年人。大家都怀着源自人生经历的心声与想要诉说的观点。

成立于2008年的RSSC已经走过十个年头，培养出了十届学员，既有大企业的退休职员，又有教师、税务师、注册会计师这样的专业人士，还有不少在社区活动和志愿者服务领域经验丰富的女性学员，人才丰富多样。每届都有近百名毕业生，十年下来形成了千人规模的人才宝库，岂有不用之理。大家当然也想了解毕业生的近况，想知道他们如何看待在RSSC就读的经历。对在校生而言，师兄师姐的经验显然也有助于他们规划毕业后的人生。

于是我们以滚雪球抽样法抽取了十名届数各异的毕业生，在充分考虑性别平衡的前提下开展调研。说白了就是像滚雪球一样，通过口口相传和介绍从一个样本触及另一个样本，以此扩大调查对象。

我们还开展了半结构化访谈，访谈时长为一至一个半小时，将生成的资料转化成单元，写在KJ卡上。收集好卡片便能着手分析。

KJ卡是二十张为一联。沿易撕线拆分之前，请务必先复印两份。于是就有了三套一手资料。其中一套不拆分，原样留存，为了保留以时间为序的叙事脉络。日后需要回溯时，可以轻易锁定埋没在脉络中的信息。其余两套分别用于案例分析和编码分析。卡片角落都应标注案例编号，如1M60（第一届/男性/60~69岁）。性别和年龄是最基本的属性数据，此外再加入与调查设计相关的类型符号（比如这个例子中的"第几届"）。

之后的步骤与之前介绍过的KJ法相同，但矩阵分析的后半部分略有差异。

先进行案例分析。分析的人不是收集资料的人也无妨。别人收集来的一手资料也能分析，正是KJ法的有趣之处。当负责分析的人不是采集资料的人时，一手资料单元化的缺陷和访谈的局限性会变得格外明显。因为嵌入脉络的信息对记录者而言是清楚明白的，只有脱离脉络后，信息的独立性才会受到考验。

到这一步为止，人人都能胜任。

接下来是编码分析。在半结构化访谈中按"入学前""在校期间""毕业后"三个阶段开展询问，分别编码。采用的是"时间顺序"这种最简单的编码方式，将一手资料分为这三类不费吹灰之力。十个样本产生的一千多条一手资料全部细分为这三类。"毕业后"是最重要的调查项目，相关一手资料的单元数最多，此后再通过后编码分出两个类别，"活动"和"人脉"。如此一来，每个编码下面的一手资料就控制在两百条左右，是搞得定的数量。若想减少每个编码的体量，可以进一步细分。

分析各编码下的一手资料同样用KJ法。通过编码分析得出的后编码如下："入学动机"下有"重启人生""学习"和"结缘"这三大动机。关于"在校期间对大学的评价"，"愿意向他人推荐RSSC"最为突出。至于"毕业后"，有关活动的评价是"学习步履不停"，有关人脉的评价则是"人脉是资产"。这些词组都是在KJ法分析过程中产生的元信息。在进行编码分析时，还应注意资料属性的分散。样本编码能在这个时候发挥关键作用，反映出是否有某个特定编码存在年龄或性别上的偏倚、是否存在只有男性票而缺失女性票的编码、年龄或届数有无影响等等。例子中的这项调查并没有表现出与届数、年龄或性别挂钩的倾向，可能是样本太少所致。

在案例分析部分，我要求学员给每个案例配一句能够高度概括其面貌的"广告词"，相当于根据访谈获取的一手资料得出元元信息。最后得出的广告词有"上班族成功重启人生：第5届男性（60~69岁）""激活工作狂的社会贡献欲：第8届女性（50~59岁）""研讨组伙伴是一生的财富：第9届男性（60~69岁）"等等。十个令人印象深刻的短句往那儿一摆，RSSC毕业生的形象跃然眼前。不过到这儿只算完成了一半。

在编码分析部分，通过后编码获得的元信息可直接用作目录。学员在入学前有"'重启人生''学习'和'结缘'三大动机",对自己的在校期间给出"愿意向他人推荐RSSC"这样的高度评价（确实有丈夫先入学，后来妻子也在其推荐下入学的情况），毕业后收获"学习步履不停"和"人脉是资产"这两项成果。RSSC的学员本就有比较强烈的求学欲，有好几位学员通过在RSSC的学习品尝到研究的乐趣，于是申请其他大学的研究生院与面向社会人士的课程。而且调查显示，通过校内与校外活动（尤其是全年持续开展的研讨组活动）建立起来的人脉在学员毕业后也产生了重大影响。

所谓"对资料敲骨吸髓"，就是每一条一手资料都要在纵轴和横轴、案例分析和编码分析这两个维度用上两次，做到物尽其用。

结论报告会

还差临门一脚。完成案例分析和编码分析后，要开一场元元信息讨论会，进一步俯瞰前面两项工作的成果，得出结论。方法很简单：举行一次结论报告会，听取分析负责人对分析结果的报告，然后各自对注意到的事项发表评论。这里的关键在于，会上的评论也要巨细无遗地做成卡片。通过评论获取的一手资料（相较于初步访谈获得的一手资料，那是维度更高的元元信息）也要用KJ法进一步分析。如此获得的信息单元数最多也就五十左右，分析起来很容易。最后得出的结论是"人脉改写人生！"——这就是在生产信息过程中产生的元元元信息。

在元元信息讨论会（结论报告会）中，最重要的是在更广阔的脉络下俯瞰或鸟瞰一手资料。不仅要关注到"那里有什么"，还要考虑到"那里没有什么"。没有的部分就是最后的"课题与展望"。

调查得出的结论是"RSSC改写了人生！"，但我素来多疑，不由得想"天底下哪有这样的好事"，但资料显然都是正面的。结论报告会认为本研究的局限性是，通过滚雪球抽样法得来的样本都是每届的领袖人物。新样本全靠已有样本介绍，自然会偏向比较惹眼的人和痛快答应访谈的人。真是这样的话，那我们也许只能说：进入RSSC的人本就很活跃，所以无论是在校期间还是毕业后都保持着活跃的状态。这类潜力巨大的人才哪怕进了其他社会教育机构也能取得同样的成果。如果这个解释是正确的，接下来可能就需要有策略地抽取各届的追随者而非领导者，或者抽取中途退学者作为对照样本。

说实话，我一直对大学面向社会人士开设终身教育课程深感怀疑。无论大学课程多么枯燥乏味，学生都能咬牙忍下来，因为忍耐的尽头是本科文凭。可面向社会人士的终身教育课程换不来任何文凭。即便可以拿到，学员的人生也已经来到下半场，几乎不会有文凭的用武之地。这种学习是"为了学习的学习"。学习不再是达到目的的手段，而是目的本身，是一种享受。在《永别了，学校化社会》（上野，2002/2008）一书中，我区分了"作为生产材料的教育"和"作为消费品的教育"，后者显然对教育课程的质量提出了更高的要求。再加上社会人士的人生阅历丰富，为上学付出了较高的时间和金钱成本。如今的大学能否提供符合其严格要求的教育质量呢？想及此处，我总是不胜羞愧。

谁知上野研讨组的学员收集来的资料都是积极正面的。毕业生纷纷表示，在RSSC学习的经历点燃了学习欲望，在人脉层面也获得受用终生的财富。对大学这样的教育机构来说，能提供的服务商品终究是教育，人脉是额外的赠品（或称附加福利）。每次听人说"我不记得上学都学了些什么，但交到了一辈子的好朋友"，我都会在心里嘀咕：大学是交朋友的地方吗？教育就没有附加价值了吗？但在RSSC，学习、志愿者服务这样的"活动"以及支撑这些活动的"人脉"恰似两个相辅相成的车轮。推动两者发展的原动力正是研讨组。

从顾客满意度研究的角度来看，RSSC堪称全国性的成功案例，这离不开以人数少、持续时间长、面对面为特色的教学计划（包括研讨组活动和课外活动）。我深信大学最大的优势在于小规模的研讨组。说到底，教育本就源自酒宴（symposion）上的对话。研讨会（symposium）一词正是从希腊语symposion衍生而来。高中以前的教育没有这种双向的面对面课程，有些高中学历的社会人士就是冲着这种体验才申请终身教育项目。在研讨组中培养起来的师徒关系与同侪群体❶催生出相互守望成长的关系。人的成长无关年岁，这是RSSC带给我的切身体会。

---

❶ peer group，peer原意为伙伴，后衍生为研究同行。在学术界，论文的评审由研究者社群的其他成员进行，称"同行评审"（peer review）。

我有感而发："这么办学的好处是明摆着的，其他大学怎么就不效仿呢？"RSSC的制度设计者之一、曾任立教大学教授的庄司洋子女士给出了精辟的答案——

"别人想学都学不来啊，因为太费事了。"

撰写报告

将上述资料分析的结果转化为文章，便成了一份共有五十页A5纸的报告，题为《RSSC毕业"生"的真心话》。目录如图表11-3所示。矩阵分析得来的案例分析和编码分析放中间，两头加上前言和结论就大功告成了。瞧，多简单呀。

不过请大家注意，图表11-3终究只是调查报告的目录，而非研究论文的目录。后者的写法会在下一章详细讲解。无论是定性调查还是定量调查，调查都只是收集资料的方法。研究则是根据自己提出的问题选择适当的研究对象和方法，收集相关资料后回答问题的过程。这份调查报告只是为研究服务的素材。研究的关键，就在于用什么方法论来料理这些素材。常有本科生把定性/定量调查的报告当成研究论文提交上来，而我会告诉他们"这只是调查报告，不算研究"，断然驳回。资料都收集好了，也分析过了，那你究竟想用这些资料说什么呢？之后的环节，才是决定研究成败的关键。

说回《RSSC毕业"生"的真心话》。这份调查报告的内容实在有趣，于是我们办了一场面向校内同仁的报告会。

制作上述报告只用了一堂KJ法实践课，外加一天半。当

> 目录
>
> 1. 研究概要
> 2. 案例分析
>   2-1. 积极投身活动与学习：第1届男性（60~69岁）
>   2-2. 专注志愿者活动：第2届女性（70~79岁）
>   2-3. 秘密伙伴是宝贵的财富：第3届女性（60~69岁）
>   2-4. 学习、娱乐和生意一把抓：第4届男性（60~69岁）
>   2-5. 上班族成功重启人生：第5届男性（60~69岁）
>   2-6. 活到老忙到老！给RSSC做咨询：第7届男性（60~69岁）
>   2-7. 依仗人脉的病弱单身贵族：第7届女性（60~69岁）
>   2-8. 激活工作狂的社会贡献欲：第8届女性（50~59岁）
>   2-9. 研讨组的伙伴是受用终生的财富：第9届男性（60~69岁）
>   2-10. 才华、技能和财富兼备的多面女性：第9届女性（50~59岁）
> 3. 编码分析
>   3-1. "重启人生""学习"与"结缘"为三大动机：入学前
>   3-2. 愿意向他人推荐RSSC：在校期间的评价
>   3-3. 学习步履不停：毕业后的活动
>   3-4. 人脉是资产：毕业后的联系
> 4. 结论：人脉改写人生！
> 5. 课题与展望
> 6. 后记&致谢

图表11-3　用案例分析、编码分析、矩阵分析生成目录

然在实际动笔之前，我已经让学员分头完成资料收集、输出分析结果等工作。之后他们几乎就在为期两天的工作坊中搞出了一份长达五十页的报告！

这次实践课的初衷是让学员学习分析的诀窍，访谈环节难免漏洞百出，信息单元化也做得马马虎虎，很多卡片根本没法

用，再加上抽样全靠介绍，导致了一定的偏差。即便如此，学员还是能借助手头的十个样本，基于资料得出了"用一分证据说一分话"的结果，这正是上野式定性分析法的优势所在。即便输入的少，也能保证一定的输出，可见上野式定性分析法的性价比还是很高的。

让资料说话

研究者常把"让资料说话"挂在嘴边，但他们对资料的使用是否过于随意就几乎无法保证了。也许最后的结果并不是"让资料说话"，而是"让资料替研究者代言"。上野式定性分析法则是在资料的结构脉络下进行解读，有效排除了解释者的随意性，是一种可靠而实用的方法。

第五章

输出

12 撰写目录

语言的主导地位

搞定了资料收集和分析，便能开始输出了。

无论研究者多么博学多才，脑子里有多少绝妙想法，但不传达给别人，就等于不存在。理科研究者输出的是专利和新药等产品，艺术家输出的是影像、表演等作品，而人文社科研究者的输出全靠语言信息。在各种沟通手段中，语言的主导地位在可预见的未来坚若磐石，提高语言能力的重要性可想而知。

艺术家森村泰昌先生❶认为，在闯荡欧美的艺术市场时，艺术家不仅要拿出过硬的作品，还要具备用语言说明这个作品表达了什么的能力（森村，1998）。照理说，艺术家是因为无法用语言表达自己的想法才转向非语言表达，市场却要求艺术家本身具备评论家那样的讲解和诠释能力。如果蹉跎于语言表达，作品就卖不出去。当然，实际的所作所为与自我申报的所

---

❶ 装扮成西洋名画中的画中人制作自画像，借此反思身份认同的艺术家。

作所为总是有差距，不过这也能从侧面体现出，观众确实很容易受语言蒙蔽。

绘制蓝图

由语言信息组成的资料正堆放在我们眼前。这时不妨把每一条资料看作砖块。目标是造出一栋牢固的建筑，而盖房子必然要先绘制蓝图。蓝图须写明哪个位置砌哪些砖块，或是想好将拼图逐一嵌入正确位置之后会得到怎样的图案。

撰写目录就是绘制蓝图的关键环节。

不知大家写过多长的文章呢？大学的期末报告也就两千到四千字（换算成四百字稿纸就是五到十页）。可如果要写一篇超过一万两千字（三十页）的文章（学术论文的标准篇幅），没有蓝图是绝对不行的。

东京大学社会学科的要求是本科毕业论文八万字（两百页），硕士论文十六万字（四百页），博士论文二十四万字（六百页）。倒也不是越长越好，但数量能确保一定的质量。八万字约等于一本新书的体量。东京大学本科生需要在两年内写出那么长的论文，否则就不能毕业。在其他大学，本科生写出质量与硕士论文相当的毕业论文也是常有的事。学校对学生的要求就是这么严格。

硕士论文的篇幅与单行本差不多，博士论文则相当于比较厚的单行本。有些学生的硕士论文还能直接出版成书。当然，写得更长的也大有人在。社会学家见田宗介先生的硕士论文长达四十万字（一千页），至今仍是不朽的传奇。不过也只有导师才能耐着性子看完这么长的论文，毕竟这就是导师的职责所在。硕士论文与博士论文每一章的分量都跟一篇普通论文不相上下。越是这样，就越是需要蓝图。必须提前想好收集来的每一块资料砖块要砌在何处，否则就不可能把房子盖起来。

人的时间资源有限，因此学术期刊的稿件字数要求为一万两千到一万六千字（三四十页），学术会议的口头报告一般给十五到二十分钟，理科则只给三到五分钟。你必须在有限的时间内向他人传达自己的发现。

假设有人跑去美国向投资家推销自己的创意，一咬牙一跺脚，没有预约就直接杀进人家的办公室，央求对方听一听自己的想法。对方说："好，那就给你三分钟。"要在三分钟内说完，就不能做任何铺垫，必须直奔主题。平时如果没有反复训练，关键时刻绝对反应不过来。

换句话说，简报呈现的不是思考的过程，而是思考的结果。著名评论家有时也会长篇大论，从头讲述自己如何一波三折地得出结论。可惜读者往往没有耐心，他们不想知道你如何得出结论，只想知道你得出了什么结论。

据说有些作家不会提前想好结局，而是直接提笔写，甚至夸口说这样写效果更好，但研究论文千万不能这么写。输出研究成果，就是基于证据展示自己的发现，所以基本要采用"A是B，因为……"这种结论先行的写法。小说或悬疑作品也许会在最后设置惊喜或反转，但这种情况在论文里绝对不能出现。

论文必须搭建无懈可击的逻辑和实证，从头到尾不厌其烦地论述"A 是 B，因为……"。论文的沟通技巧在于说服读者，而非激发共鸣。当然，这个过程也许会推翻最初的假设，得到超越假设的发现，这正是研究的妙趣所在。这样的论文读来令人兴奋，但绝不悬疑。

搭建目录的骨架

搭建目录骨架的方法简单得很。

只需如图表 12-1 所示，按研究计划的各项编排即可。

第 1 章至第 5 章对应研究计划中的"研究问题设定"。第 8 章也应在撰写研究计划时先行展望，否则你就不知道自己的研究在学术界的定位。

第 1 至第 5 章可以在收集和分析资料之前动笔。"迄今为止的研究存在 ×× 的局限性，我想搞清的问题还没有得到解决，所以我将以 ×× 为研究对象，以这种方法开展研究"——撰写研究计划好似放飞广告气球，不过研究生水平的报告常常没完没了地谈论研究计划，听得我不胜其烦。那又怎么样？你到底发现了什么？依据又是什么？没有明确的落脚点，放再多的广告气球都是白搭。

第 6 章至第 7 章为本论。这部分可视篇幅增加章节。本论的内容正是资料分析的结果。如果资料分析得出了五个类别，那就安排五章，得出十类则安排十章，按分析结果配置即可。目录的关键，就是把本论的内容夹在研究计划设定的入口和出口之间。

标题：
目录：
1. 问题设定
2. 研究对象
3. 研究方法
4. 对既有研究的批判性回顾
5. 设定理论框架
6. 分析与考察（本论）
  6-1.
  6-2.
  6-3.
  ……
  6-n.
7. 结论
8. 本研究的意义和局限性（课题与展望）
注释
参考文献（按列举格式）/ 资料篇（如有）

① 标题定胜负！
② 问题设定好了，论文就成功了一半。
③ 2&3、4&5 可调换。（本研究在批判性回顾既有研究的基础上，依据××的理论框架选用以下对象与方法。）
④ 研究方法包括切入对象的方法和收集资料的方法。（为什么采用定量调查？为什么开展田野调查？）
⑤ 如必要，可在第 2 章后增加章节解释对象的由来和背景（脉络）。
⑥ 第 6 章（本论）应根据发现的内容分成若干节。
⑦ 结论先行。先提出命题，再进行论证。（打好扎实的基本功，再尝试散文型、独白型、戏剧型这样的秘技与高阶技巧：不是不能挑战，但要求会水涨船高，请做好思想准备。）
⑧ 注释及参考文献的写法应遵循学术论文的惯例。

图表 12-1　搭建目录的骨架

注意事项

分享几条注意事项。

①标题定胜负!

标题很重要,必须让读者光看标题就想象出论文写的是什么。《上门护理的课题与展望》这种常见的学术论文标题最不可取,改成《为什么上门护士难以增加》才能让读者清楚认识到你的研究问题是什么。若能用一行字将研究问题表达清楚,那便是最理想的。加副标题是因为单靠标题表达不清楚,能不加最好别加。标题可以不断调整,改到最后一刻也无妨。随着研究深入,你可能会意识到什么才是自己真正想了解的,才明白阐明了哪些部分。不过标题一定要简明易懂。用看似深奥的标题唬人可不行。

②问题设定好了,论文就成功了一半。

论文的成败取决于研究问题的提法。如果你提了一个前无古人的绝妙问题,单凭这一点就足以保证研究的原创性。这就是所谓的"着眼点/切入点精妙"。但到这一步还只是成功了一半,后续论证仍然重要。

上野研讨组曾有位福岛县著名女校毕业的学生。得知母校将打破传统招收男生,她提出了一个问题:男女同校会让女生产生怎样的变化?这也算是见证百年一遇的历史性变革的难得机会,所以我鼓励她一定要研究下去。针对教师和学生做主观访谈实在靠不住,所以她没有通过这种方法收集资料,而是选择一种简单得惊人却教人眼前一亮的方法:关注女生着装的变化。这是谁都能从外界观察到并加以证实的变化。为什么会想到这个法子呢？因为福岛的冬天非常冷，她在母校上学的时候，女生习惯穿校服裙上学，到了学校再换成运动裤。她的论文标题是《县立女高实行男女同校对女生的影响——以学生外观为切入点》[1]（白井，2006），一看就知道研究问题是什么。分析结果显示，改为男女同校后，无论校内校外整天穿裙子的女生占了大半。裙子是最直接明了的"女装"，谁穿了裙子乍一看都像女的。众所周知，要在服装上跨越性别，让男性穿女装（裙子）难于让女性穿男装（裤子）。从男扮女装必穿裙子这点也足以看出，只要穿上裙子，谁看着都像女人。她采用的理论框架是建构主义性别理论。根据这一理论，女人／男人就是行为像女人／男人的人。因此无论男女，穿女装的时候都算是以女人的身份示人。研究得出的发现是，男女同校后，女生的女装度上升了。换言之，性别化对女生的影响更大了。

  这一发现完美契合了通过其他方法获得的有关男女同校的既有研究结果。反过来说，许多家长将女儿送入女校是为了培养其女性气质，结果事与愿违，女校对女生的性别化反而不如男女同校的学校强，无法让女生更有"女人味"。人们主张女校有存在意义的依据，也是认为女校发挥了庇护所的作用，可以保护女生免受性别差异大的社会影响，而且在没有男生盯着的情况下，女生的领导力也能得到提升，等等。写出这篇精彩

---

[1] 这篇毕业论文写得很精彩，因此我建议她给日本女性学研究会刊《女性学年报》投稿。稿件被顺利接收，但刊登时改了标题。

论文的白井裕子同学在毕业后成了全国性报纸的记者，活跃在报道的第一线。

③第2章&第3章、第4章&第5章可调换，换言之可以采用这样的论述方法：在回顾既有研究的基础上采用××的理论框架，据此设定研究对象与方法。

④第2章&第3章可整合为"对象与方法"。此处的"方法"指切入对象的方法，即收集资料的方法。是参与观察、问卷调查还是访谈调查？为什么采用这种方法？这部分需要说明研究对象和方法的组合是否契合研究问题。

⑤如有必要，可在第2章后增加一至两章，说明问题的背景、主题或前史，方便不熟悉研究对象的读者。如果论文写的是《长期护理保险法》颁布后的居家照护现状及课题，就需要解释长期护理保险是什么，并阐述前史（法律颁布前的居家照护情况），还需要定义"居家照护"这一关键词。随着住宅型养老设施的增加，近年来人们认为在附带服务的银发族住宅养老也算"居家养老"。这就意味着我们必须根据研究问题去定义"居家"是否包括附带服务的银发族住宅。

⑥如果第6章（本论）的分量较多，应分成若干节。这部分是最重要的内容，篇幅再长也无妨。将分析类别分割成上、中、下，分别安排章、节、项。

定制目录

接下来还要根据自己的研究内容对目录做一番定制，最后的成品可不能像图表 12-1 那样照抄研究计划的标题。图表 12-2 就是定制目录的绝佳示例。这是第 5 节引用过的小辉的研究计划。

> 服务儿童的"第三空间"的可能性
> ——从课后儿童班的现场出发
>
> 前言　孩子们度过了怎样的课后时光？（问题设定）
> 1. 孩子需要"退路"！
> 2. 作为"在学校和家庭都没有容身之地"的过来人
>
> 第 1 章　"你能战斗 24 小时吗？"不许休息的孩子们（问题的背景）
> 1. 每天日程爆满
> 2. 无法喘息的假日
> 3. 寻求儿童的"工作生活平衡"
>
> 第 2 章　以往人们如何谈论"课后"（对既有研究的批判性回顾）
> 1. 玩耍空间的学校化——基于贵户理惠的"课后理论"
> 2. "生活场景"还是"玩耍场景"的争论
>
> 第 3 章　置身于"孩子们的课后"（对象与方法）
> 1. 阐明儿童"主观上的"容身之地
> 2. 结合基于现场的"经验知识"和通过研究获得的"专业知识"
> 3. 图解源自田野笔记的发现
>
> 第 4 章　在大人编排好的世界中（现状分析）
> 1. "二分之一成人礼"是个什么玩意儿！
> 2. 学校渐成"怪胎秀"的舞台
> 3. 孩子承揽了大人的"奔头"
> 4. 为什么孩子进了玩具店就要这要那

5. 在宝可梦对战中输给达克莱伊的理由
6. 从众压力造就不合群者

第5章 作为退路的课后儿童班（被寄放者案例分析1）
1. 如今谁来拯救在公园里挨打的人？
2. 拒绝上学时再想办法为时已晚
3. 守住没有任何目的的时间和场所
4. 为"儿童单身贵族"创造容身之地

第6章 活在多样关系之中（被寄放者案例分析2）
1. "斜向关系"造就的"奇迹配对"
2. 在这里遇见不一样的自己
3. 自我表达源于玩耍
4. 在课后迎来最快乐的瞬间
5. 提供一个不变的空间，帮助孩子克服小学 / 初中第一年的障碍

第7章 幻想的容身之地（被寄放者案例分析3）
1. 禁用任天堂3DS和智能手机？
2. 相识在宝可梦的世界，在现实中成为好友
3. 在幻想世界密谋"报复"
4. 成绩不好、没有运动细胞、长得也不好看的人该怎么活？

第8章 谁来照顾孩子？（寄放者案例分析）
1. 建立不必孤身照顾孩子的社会
2. 如何利用退出社会竞争的"雄性丧家犬"
3. 基于当事人经验的新职业的可能性
4. 机器人能否照顾孩子？

> 第9章 课后儿童班的可能性（发现与分析）
> 1.逃避可以，但终究一场空
> 2.构建有"落脚点"的现实
> 3.作为制度的课后儿童班
>
> 结语（结论、意义与局限性）
> 1."后当事人研究"的挫败感
> 2."课后"也是我的容身之地
> 3.建立可应用于儿童之外的模型

图表12-2 小辉的目录

经过一番探讨，他将研究计划中的"红灯笼"改成"（学校与家庭之外）服务儿童的第三空间"。比起日本人并不熟悉的"第三空间"概念，"红灯笼"无须解释也能让读者理解。如果最终要出版成书，到时候再斟酌一下就是。

各章标题高度浓缩本章内容，括号内为研究计划中对应的项目。括号内的信息最后删掉也无妨。这样的目录能让读者大致想象出论文的内容。或者说，把章节标题串联起来就能成为论文摘要，就是最理想的，小辉的目录就做到了这一点。这份目录连小节的标题都有，比如第5章：

第5章 作为退路的课后儿童班（被寄放者案例分析1）
1.如今谁来拯救在公园里挨打的人？
2.拒绝上学时再想办法为时已晚

3. 守住没有任何目的的时间和场所

4. 为"儿童单身贵族"创造容身之地

目录就该写成这样。单看这几行，就能大致想象出第5章的内容。"儿童单身贵族"这个词也很妙，它体现出作者认为，有朋友陪伴并非唯一的理想状态，要是脱离群体的"单身贵族"也能找到自己的容身之地就好了。读者萌生兴趣，好奇这篇论文到底写了什么，细读之后被结论与论据说服——论文就该如此。

本论最后的结论尤其重要。然后呢？你到底想说什么？别管什么前提了，能不能直接给结论？你在这项研究中到底发现了什么？……我们必须回答这一系列的问题。结论确实是在撰写论文后得出的，但在动笔之前就要预先想好落脚点。如前所述，研究计划好似海图。如果不在起航前明确登陆点，就只能没完没了地漂流。在撰写目录的阶段，已经可以隐约看到结论。在最后的最后，研究者必须俯瞰这篇论文阐明了什么、没有阐明什么，做到了什么、没做到什么。若能发现遗留课题，下一阶段的研究便有了种子。

与其说看目录就能知道论文写了什么，倒不如说看目录就能知道作者的脑袋里装了什么。所以目录要是一团乱，作者的脑子里八成也是一团乱。我们没法在蓝图好似一团乱麻的状态下撰写论文。目录就是如此重要。

作为读者，我拿起书做的第一件事就是仔细看目录。看过目录，就能大致判断出这本书的水平。身为专业读者，我很少按页码顺序从头到尾阅读一本书。根据目录锁定重点，找到自己需要的信息才是常态。如果那部分写得很有意思，再往前翻翻，往后看看……回过神来才发现自己从头到尾看了一遍的情况少之又少。能带来这种阅读快感的书实在是可遇而不可求。

目录可以无限次改写

上野研讨组会花很多时间开目录推敲会。分发给听众的资料不过一页纸，却满是漏洞，评论空间很大。推敲会为淹没在资料海洋中的研究者提供第一次以俯瞰视角展示论文蓝图的机会。"有什么"自不用论，"没有什么"也能自然而然显现出来。和研究计划一样，有些学生会在这个环节惨遭枪毙，等待他们的便是雪耻之战。

敲定目录结构之后，才能分配论述内容。最好先确定每章大约有多少信息量，把字数也提前写进目录里。如此一来，就能预测每章论述的精细程度，进而推测整体的篇幅。目录结构会不断调整到最后一刻。每次调整，信息都会以章、节、项为单位移动。如前所述，信息单元就像造房子用的砖块，必须配置在妥当的位置。在审查博士论文时，经常出现评委问"没有关于××的解释"，作者回答"在第×页"的情况。所有的信息都装在作者的脑袋里，埋藏在论文的某处，可惜没配置在合适的位置，读者也无法接收到必要的信息。

目录可以无限次改写，改几次都行。资料都有，也做了分析。

内容都在脑子里。但这样还不够。我们要像设计建筑那样提前做好规划，明确要从已掌握的内容中选取什么、按什么顺序配置，知道如何才能简洁明快、逻辑清晰地说服读者，不留下反驳的空间。绝不能跳过这一步，乱写一通。

下一节就聊一聊如何撰写论文吧。

13 撰写论文

论文的规矩

目录这张设计图也大功告成。

是时候讲解撰写论文的方法了。

如前所述，日本的语文教育在培养逻辑写作能力方面有所欠缺。社科领域的文章不追求共鸣与感动，而只为说服。你不需要把自己的感受原原本本写出来，而是摆出论据，用清晰的逻辑和他人能够理解的方式阐述自己的想法。下面要讲解的是社科文章该怎么写，而不是散文或小说的写法。

社科领域的文章被称为论文。写论文要遵循一定的规矩。这些规矩为储备学术界的公共知识财产（学问）服务。因此研究计划和论文都有格式要求。论文其实很简单，既然已经按研究计划的流程搭建好目录，只需按目录一路写下去即可。简单归简单，但最后的成品需要达到一定的质量和字数，掌握了诀窍才能事半功倍。

写论文的重中之重，在于让读者看明白你的问题和假设、证据和发现以及结论。大多数论文要配有摘要，用两百到四百字囊括上述信息。正文则是对摘要的论证。人的时间资源有限，必须考虑到有些读者只看摘要或结论部分。最理想的状态是，读者光看摘要也能充分理解你的想法，认可论文提供的信息的价值，进而阅读正文。

撰写样章

有些作家对开头格外考究，有些研究者也是十分重视前言的第一行。他们潜心钻研如何在一开头就抓住读者，可论文并不总是从第一行写起。

在开头抓住读者固然重要，但也不是写下令人印象深刻的事例，就一定能引起读者的共鸣。不如开门见山地提出问题，与读者分享这个问题的意义，鼓励他们继续往下看。

当然，开篇第一行有时也为论文定下了基调。有一次，有人请我写一篇关于历史学与女性主义的论文，可我对历史学一窍不通。我收集和研读了大量资料，却迟迟无法敲定论文结构。苦苦挣扎时，脑海中突然浮现出一句话。之后便是一气呵成——"日本女性史与女性主义的相遇是不幸的……"（上野，1995）。

在上野研讨组，敲定目录以后就该撰写样章了。再漂亮的蓝图也无法保证立柱刷墙就能一帆风顺。有些研究在口头报告环节听起来顺畅无比，仿佛下一秒就能到达既定落点，实际动笔以后却是举步维艰。容我再强调一遍，口头报告的能力和撰写论文的能力是两码事，不是有了这个就一定具备那个，必须两手抓两手硬。实际尝试之后，你会发现口头报告还能糊弄，论文就没法浑水摸鱼了。逻辑的跳跃与矛盾、资料的缺陷和立场的动摇都会暴露无遗。

撰写样章的目的在于选择概念和术语，调整文体和论证的精细度，为其余章节定下基调。如有导师（比如写硕士论文或博士论文的时候），就得先提交样章，得到导师的首肯，否则无法更进一步。写博士论文堪比马拉松，要是写了一大半才被导师指出偏离既定方向，后果可不堪设想。

下面就为大家依次讲解撰写论文时的注意事项。

从能写的章节写起

任何章节都能用作样章，选自己能写的、好写的即可。研究计划中的第1章至第5章是反复推敲过的，肯定最容易上手。不过能写出这部分并不意味着你能顺利展开本论的内容。也可以先写写本论的一部分，再写第1章（问题设定）。因为随着积累资料和发现，研究问题也可能变得更加清晰，迫使你调整方向。

积累信息

其实我们完全可以说，撰写论文的工作早在目录成形之前就已经启动。因为正文要阐述的内容，包括收集的资料、分析过程中产生的笔记、回顾既有研究时做的摘录、统计和图表等等，都是在研究过程中逐步积累起来的。

图表 13-1　京大式卡片（原版）

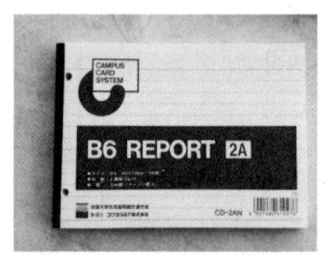

图表 13-2　各种版本的京大式卡片

图表 13-3　全国大学生协会推出的 B6 报告卡

这个环节也可以用京都学派研究者开发的诀窍和工具，例如梅棹忠夫先生（梅棹，1969）发明的 B6 横版卡片，人称"京大式卡片"（图表 13-1）。后来人们对京大式卡片做了种种改良，衍生出不同格式、纸质和厚度的版本（图表 13-2、13-3）。

在印刷行业，B 系列的幅面日渐式微，A 系列已成主流。但我尝试过与 B6 对应的 A6，却怎么都用不习惯。从人体工学的角度看，A5 感觉略大一些，A6 则略小。

京大式卡片的基本思路还是对信息做单元化处理，但妙处在于统一每个单元的尺寸，提高了操作的便利性。选用 B6 和偏厚的纸都是深思熟虑的结果。卡片上有填写信息获取日期、信息来源和索引的空栏。

元信息和元元信息产生于处理一手资料的过程。研究者能从中获得某种立得住的解释，或借由别的脉络发现信息的其他特征。这些发现都要逐一记录在京大式卡片上。使用原则与KJ卡相同，讲究"一卡一信息"。

实际操作一下，你就会发现横版B6卡片上的手写笔记长度约为两百字。而两百字恰好是论文单个段落的长度。在论文中，信息的维度将从话语上升到叙事。换句话说，话语A、话语B和话语C之间产生顺接和逆接等逻辑关系，汇成段落。

段落间要视情况穿插必要的引文、资料和统计数据。为此，所有引文和统计数据都要提前转录至京大式卡片上。自从有了复印机，这项工作就容易多了。必要的部分都要复印或打印出来，存好备用。

在这个环节，目录就是库存信息的分类索引。研究者可以先明确这个信息/资料/引文要写在哪里，将其暂时收入贴有各章标签的盒子。后来便有了更方便的卡片收纳夹（图表13-4）。

排列信息

论文就是将信息按时间这一变量妥当排列。实际动笔时，就是按时间顺序排列信息并开展论述。写着写着，你会发现段落之间存在信息缺失或不足的情况，需要适时补充。按照信息的重要性分配权重也很必要。如此一来，你就能区分出可以直接省略不提的冗长信息，或无须写入正文、挪到注释即可的信息。

图表 13-4　卡片收纳夹

撰写长篇文章和书籍时，我都会采用这种方法。京大式卡片对教学和演讲也大有助益。因为我只需根据主题抽出所需的卡片，按时间顺序排列一下，便能构建出一场讲座。京大式卡片还有一大优势：能够迅速根据时间分配情况跳过信息或调整顺序。

只要养成信息单元化的习惯，通信技术发展进步了也不怕。投影仪、PowerPoint 等工具出现后，也只需将卡片原样转录成幻灯片。从某种角度看，用京大式卡片和投影仪做简报就跟拉洋片一样。PPT 刚开始普及的时候，我还嫌它不如原始工具方便呢。因为 PPT 无法在一瞬间调整时间顺序。

随着技术的发展，上述操作都可以在电脑屏幕上完成。存储资料也比以前方便多了。但我还是坚持使用京大式卡片，因为在二维资料中添加时间变量、处理成三维的信息时，电脑的二维屏幕终究没有人在现实空间中手动作业来得方便。

结论先行

逻辑性文章讲究结论先行，即先陈述命题，再进行论证（A是B，因为C）。如果依据不止一个，那就像"有以下三个理由：第一……第二……第三……"这样依次论证。如果资料类型不止一种，则应说明"以下对象可分为五类，因为……"，然后预告"下面将依次论述各个类型"。类型的说明顺序也需要给出逻辑依据，比如类型说明的频率、概率、重要性和时间顺序，绝不能随随便便按自己发现的顺序写。必须让读者对将要论述的内容有所期待，并认同信息的必要性。不先解释清楚，读者就无法理解自己为什么非得阅读这些冗长的信息不可。研究论文并非消遣的手段，因此阅读研究论文不是为了享受阅读的乐趣，而是为了获取有价值的信息。既然如此，就必须让读者认识到，"你正在阅读的章节/段落是理解主题、认同结论所必需的信息"。

分享一个速读英语论文的诀窍：只看每一段的第一行，就能掌握论文的要点。但用这招的前提是论文本身的逻辑性很强。文章多有冗余。命题一般会出现在第一行，第二行往往是对同一命题的改写，之后则是阐述依据、条件、例外和保留意见等细节。用日语写论文也要讲究逻辑缜密，最好是把每一段的第一行串起来就能概括全文。

不要投机取巧

写作有不少秘技和高阶技巧，比如用精彩的开头抓住读者、写成纪实报告（作者"我"在文中出场）、散文型（诉诸共鸣）或悬疑型（直到最后才揭晓谜底），但初学者最好不要轻易尝试。练熟了楷书才能写草书。论文也是如此，练好基本功才能挑战"变奏曲"。正规战都不会打，又怎么打得好游击战呢。碰到一上来就想投机取巧的学生，我都会如此告诫一番——"不是不能挑战，但别人对你的要求会更高，得做好思想准备哦！"（也就是评价标准会比普通论文更严格的意思。）

不用把知道的都写出来

总想把自己知道的都写出来，是初学者很容易犯的错。想把回顾既有研究收获的种种都写出来也是人之常情，如此一来论文就会变长，乍看仿佛心血大作。但这部分写得再多，终究也只是阅读报告，最多只能换来一句"你读了很多文献呢，真是辛苦了"。况且你要写的又不是学术理论史，不可能总结前人的所有研究成果。回顾既有研究只是为自己提出的研究问题服务。明确了这一标准，自然就能理清哪些信息是必要的，哪些不必要。把知道的统统写上，无异于绕远路。被你拽着绕远路的读者肯定会很不愉快。

不要省略自以为不言自明的信息

初学者常犯的另一个错误是，省略自以为不言自明的信息。

人难免会把熟知的东西排除在信息的范畴之外。某件事对你来说也许显而易见，对读者来说就不一定了。所以必须解释到位，确保没有相关知识的读者也能理解。要达到这个效果，不妨请不懂行的第三者看一看草稿。如果人家问"这是怎么回事？那是什么意思"，你就能意识到自己没写清楚。只有同行点头说"看懂了"的文章是没法让广大读者看懂的。本以为自己很了解某个概念，实际动笔才发现解释不清楚也是常有的事。

我经常要求学生解释论文中的专业术语，而且得用初三学生也听得懂的话。换句话说，我希望他们能以刚完成义务教育的人的语言能力和词汇水平向他人解释。试图教会别人，也能帮助我们把握自己的理解程度。如果解释不清楚，那就意味着你自己也不太理解这个专业术语或概念，还是不用为好。还记得第一次站上大学讲台时，我决心在不提社会学家的名字、不用专业术语的情况下跟学生讲解社会学。下课后，刚从高中毕业、还在上通识课的学生对我说："我明白结构主义是怎么回事了！"那一刻的喜悦真是毕生难忘。

使用概念与术语前要先定义

决定要用某个特定的概念或术语，就得从头用到尾，做到前后统一。定义也必不可少。不能为了修饰润色、避免枯燥而改用其他说法，或采用多样、多义的表达。这是为了避免读者误解或误读。对文学作品而言，允许各种各样的解读或许是一种优势，但对研究论文来说，解释的多义性是百害而无一利。

论文必须被准确无误地解读，不能模棱两可。

大多数概念和术语都不是我们的发明创造，肯定有人用过。这意味着必须明确阐述谁采用过哪些概念，采用的原因是什么。之所以说学问是学术界的共同财产，正是因为这些概念（解释现实的工具）的库存就摆在我们面前。如果原有的工具不好用，也可以做一定程度的调整，使其适配自己想解答的问题。但即便是在这种情况下，也需要说明为什么要调整、调整了哪里。自创没人用过的概念和术语倒也无妨，只是难度会相应变高，因为你必须证明已有的概念都派不上用场。

区分正文和引文

写论文时要明确区分正文和引文，换言之就是要区分别人的观点和自己的观点，体现出两者的差异。语言本就属于他人，你的观点大多也是跟别人借的。对研究者来说，借用别人的想法并不丢人，只要能用借来的想法得出新发现就行。有位学术界前辈说过，论文可以借九成，只要剩下的一成是原创就行。这就是研究者社群存在的意义。借的时候要明确说明自己是问谁借的、怎么借的。也只有这样才能阐明哪里到哪里是借来的、从哪里开始是原创的。为此，必须按规矩注明作者姓名与出处，使用正确的引用符号。

引用伴随着风险。对你有影响的研究者甚至会在不知不觉中影响你论文的风格。有时候，一些真正影响过你的作者，你反而很难确认到底该引用其哪篇文章，结果甚至都没有在参考文献里提及。而研究生写论文常会在文中嵌入引文而不注明作者，行文又很流畅自然，看得我直冒冷汗，心想万一不小心漏写引号和出处可怎么得了……因为一旦漏写，就成了不折不扣的剽窃（详见后文）。在研究伦理层面，剽窃是绝不能容忍的行为。

为避免出现这种情况，我们要不厌其烦地在正文标明出处，比如"米歇尔·福柯认为，性向是'（此处为引文）'（Foucault，1976:35）"，"这就是辛西娅·恩洛所说的'女性军事化'（Enloe，1998:121）"。如果被引用者不太为人熟知，不妨稍加说明，如"以研究军事和女性闻名的美国国际政治学家辛西娅·恩洛……"。最近有越来越多的年轻作者在文中省略被引用者的名字，只标明出处，但我不敢苟同。首次引用时写出被引用者的全名，第二次以后只写姓氏，如果多人同姓难以分辨，则重复写出全名——这条规矩也经常被忽视，但千万不能因为烦琐就随便省略。

如何创建引文库

顺便分享一下我是如何创建引文库的吧。

阅读必要的书籍时，我总是边看边画线。书就是用来写写画画的，所以最好还是买回家占为己有。只要是画过线的书，我都会看第二遍，这遍只看画线的部分。画过两道线的地方贴上标签做记号。一本书的标签从几个到二三十个不等，不会很多。然后将这些部分复印下来，用卡片转化成信息单元。这个环节也要遵守"一信息一单元"的大原则。卡片上要注明出处和页码，同时编制文献列表备用。如此处理过的书便可以从流动信息转回库存信息（即放回书架）。因为我需要的精华已经以几十条信息的形式留存下来。只需按脉络排列，就不必在每次引用时查阅原书了。

不过这样筛选出来的引文大多极具魅力，会让人不由自主地想把它们用上，正文也很容易受其影响。访谈获得的一手资料也是如此。但引文原则上不会出现在摘要中，请大家记住这一点。换句话说，你的发现和结论是在剔除所有一手资料之后由你自己生产的元信息和元元信息。不能让引文代言你的观点。

还有一点请注意：引文要用在刀刃上，最好只用一次。重复引用会降低冲击力。想引用的地方肯定有好几处，确实不好取舍，但只用一次才能提升引文的功效。在恰当的脉络引用恰当的分量是一种艺术，但无论如何，让论文升值的终究是你自己写的正文，而非引文。

不得剽窃抄袭

学术界的成果是公共财产，因此区分论文中的哪些部分属于他人、哪些部分是自己的原创尤其重要。这是研究者的基本功，也是必须守住的底线。所以学术界制定了标明引用和出处的规则。不按规矩办事就是剽窃。

然而，通过互联网收集信息变得越来越容易，剪切粘贴网上的信息就足以拼凑出一篇论文。许多大学教师为此头疼不已。

期末报告和本科毕业论文也就罢了，硕博论文若有剽窃，要是在授予学位之后才发现，参与学位审查的评委的能力也会受到质疑，学生本人也会受到撤销学位、开除出校等处分，甚至发展成关乎大学声誉的丑闻。如今遍地都是的查重软件就是为杜绝这种情况问世的。即便如此，剽窃现象仍是屡见不鲜，每年都有名校和学术期刊爆出剽窃丑闻。查出来的恐怕只是冰山一角，没有查出来的就这么成了剽窃者的业绩。

然而，抄袭是研究者最可耻的行为。为什么做研究？研究为谁而做？如果你的问题已经有别人回答过，向前人致敬就是了。要是还未解决，在向前人敬意的同时提出原创的问题即可。对研究者而言，最大的报酬就是亲手解决自己提出的问题所带来的快感！剽窃与抄袭简直是本末倒置。

我向来要求上野研讨组的学生根据自己获得的一手资料开展研究，原因就在于此。媒体和互联网上充斥着二手资料。常有人打着"综合学习"的旗号，让初中生和高中生提交拼拼凑凑得来的报告，这可不算研究。

格式、引文、注释和参考文献的写法

格式、引文、注释和参考文献的写法都要遵循学术论文的惯例。我采用的是日本社会学会的《社会学评论格式指南》❶。只有一页的发言提纲也好，三两页的随笔也罢，一律按指南的要求来。无论篇幅多短，都按学术论文的格式写。养成习惯后，

---

❶ http://jss-sociology.org/bulletin/guide

写多长的论文都不慌了。顺便一提，本书的格式也是严格按照上述指南调整的。

字体与字号

再聊聊输出的细节。近年来，学生在线提交报告等作业已成常态。遥想只有手写稿可看的日子，电子稿的阅读体验已经好多了。但希望大家在提交报告时多考虑读者的感受，如果读者是老人家，最好将字号调整到小四号字。

东京大学各个院系专业都有各自的惯例。据说日本史和日本文学专业曾规定论文必须竖排。国文学研究室（现在也叫这个）最夸张，只收手写稿。在文字处理机早已普及的上世纪90年代，国文学专业的学生还得辛辛苦苦地把在文字处理机上推敲修改好的四万到八万字的文章誊写在竖版稿纸上。真是不可思议，也不知道现在取消这条规矩没有。话说已故的日本中世史学家胁田晴子女士定制的京大式卡片就是竖版的。我当时还暗暗感叹："哇，史学家肯定是看惯了竖版的史料，连京大式卡片都要用竖版的！"

表述简明易懂

最关键的是表述要简明易懂。晦涩复杂不等于高水平。简明易懂也不能和浅薄画等号。现实是复杂的，但简明易懂的词句也可以表达复杂的东西，无须依赖行业用词、专业术语、华丽的辞藻或烦琐的句式。

论文最重要的就是用证据和清晰的逻辑说服读者，让读者认同你反复推敲得出的观点。只要训练，谁都能掌握这种能力。

用什么人称

论文显然要用第一人称写，那具体该用什么样的第一人称呢？日语的人称多种多样，取决于性别、地位、语境等因素。如果这些因素不明确，就无法敲定要使用的人称。以往论文的主语大多采用"我们"或"人们"这种不特指任何人的无人称。每每读到"我们确认了上述事实"这样的句子，我都很想抱怨："这个'我们'可不包括我哦。"为避免使用第一人称，有些论文甚至大量使用被动语态（"上述事实得到证实"）。我对这两种做法都不敢苟同。

通过论文表达观点的是你，对论文内容负责的也只有你一个，所以人称还是用"我"（第一人称单数）为好。"我"（日语中的"私"）是公共空间中无关性别的第一人称单数形式（不过比起汉字"私"，我更喜欢写成平假名わたし）。有些评论家习惯用"僕"（ぼく）[1]，但感觉怪怪的，像是在公共空间展现私人的一面。论文以"俺"（おれ）[2]为主语就太离谱了，我也确实没见过。

论文虽然是公共知识财产，但终究是"我"发布的信息。

---

[1] 一般是年轻男性或男孩使用。男性用会给人一种柔和的感觉,类似小生或少年。女性用则给人偏中性的感觉。——编译注
[2] 男性第一人称代词，较粗野豪放，类似中文的"老子"。——编译注

为明确这一点,还是使用第一人称单数形式的主语为好。

写给谁

最后再聊聊撰写论文时的一大要点——你的论文要写给谁看?写论文时,请大家务必把论文的"收件人"放在心上。

研究论文的第一读者通常是导师,但导师不见得是最合适的读者。最糟糕的情况莫过于导师和学生之间缺乏信任。如果是要在学术会议上发表的论文,第一读者就是审稿人。在匿名审稿制度下,这种权力结构不会透露谁担任审稿人。导师和审稿人扮演的都是守门员的角色,要过了他们这关才能更进一步,但他们不一定是最合适的读者。

导师和审稿人是第一读者,意味着论文的收件人是名为"学术界"的学术社群。所谓做研究,就是为学术界的公共知识财产增加新发现。对研究者而言,研究成果就是自己的业绩。业绩积累到位了,便能在学术界获得一席之地。学术界是极少数奉行(看似)公平的业绩主义的社群。当然,在评价标准并不统一的人文社科领域,这句话就不一定站得住脚了。

然而,研究是为了在学术界拼业绩而做的吗?提出问题,为寻找答案踏上未知的旅途,明明是因为想向某人传达某种讯息。这个人是谁?想传达的讯息又是什么呢?

从调查伦理的角度看,论文的第一读者必须是调查对象。对调查对象而言,调查者是不请自来的入侵者,因为他们刨根问底,问的还都是些棘手的问题。调查对象会质疑调查者:你来这里做什么？你能为我做什么？有些问卷调查的受访者都会要求调查者反馈调查结果，作为配合调查的回报。想知道自己提供的资料被如何处理，也是人之常情。

调查结果应最先反馈给调查对象。未经当事人同意，不得公开引用资料，这一点应该不用我再强调。只要当事人表示"我没这么说过""我不是这个意思"，哪怕录音还在，调查者也只能含泪删除。研究论文是根据调查结果开展分析和考察而输出的最终成果，能否得到调查对象认同尤为重要。当然，论文中可能会包含对调查对象而言带有批判性的内容。但只要得出了能让提供一手资料的调查对象认同的结论，就算得上一篇优秀的论文。

说起这个，我总会想起春日木寿佳（春日キスヨ）女士的名著《活在父子家庭》（春日，1985）。这部心血大作以单亲爸爸自助小组的资料为基础，通过"父子家庭"这一少数群体勾勒出母性神话的根深蒂固与身为父亲的艰辛。春日女士将单亲爸爸定义为：①离婚时得到子女监护权；②不依靠女性长辈或机构，独自照顾子女；③没有再婚。说得更直白些，就是妻子撂下子女跑了的父亲。他们要抵抗总想拆散父子的福利工作者（"你肯定照顾不好的，不如把孩子送去福利院"），也无法请祖父母帮忙照看，再婚的资源更是寥寥无几，堪称社会弱势群体。亏得调查者是女性——不，应该说亏得调查者是春日女士，才能引出单亲爸爸的真心话。她的分析既有对"男性性"的批判，也有对单亲爸爸的理解和同情，赢得调查对象的共鸣，让他们切身感受到"这篇论文里有我"。"互助会的单亲爸爸在到处推销我的书呢！"——春日女士兴高采烈的声音犹在耳畔。

反之，如果调查对象认为自己提供的资料被加工得面目全非，感到"这篇论文里没有我"或"那不是我"，这样的研究论文就是失败的。换句话说，调查对象是研究论文最初也是最严厉的评判者。

谁是收件人

我总是不厌其烦地提醒学生，写论文时要想好这篇论文要给谁看，时刻把收件人放在心上。而且收件人不应该是抽象的"读者"，而最好是拥有专有名词、看得见面孔的个人，哪怕只有一两个也好。"文"这个字的本意就是"信"。明确写给谁看，是写好一篇文章的基础。拥有看得见面孔的同时代的收信人，对作者而言是莫大的幸福。大家不妨将读者设想成最理解自己、最不手下留情的批判者。这是为了对自己高标准严要求。

我还会反复告诫学生："别以为论文的收件人只在这个小圈子（学术界）里，眼光要放得更长远些。"因为我见多了被导师和同行评价牵着鼻子走的本科生和研究生。

迷茫的时候，一定要回归最初设定的问题。自己提出的问题永远都是研究的原点。这个问题是为了什么而问？又是为谁而问？我想主张的问题是什么？谁是喊话对象？我想向谁传达怎样的讯息？……只要想明白这些，收件人的轮廓便会自然而然地清晰起来，风格也能随之敲定。

14 培养评论能力

自己露一手

常言道,"他人的不幸甜如蜜"。和自己千辛万苦写论文相比,挑别人论文里的毛病显然容易得多,而且挑出错误本就别有一番乐趣。学生的报告看多了,我便养成了拿着红笔看论文的习惯,一旦发现错别字或错误的论述,还会露出得意的微笑,这性格也是够刁钻的了。

话虽如此,阅读并评论别人论文的能力还是很有必要培养的,因为了解别人论文里的问题,就能明白自己论文里的问题。

你也许写不出布尔迪厄和福柯那样的论文,却可以批判他们。我总是要求上野研讨组的学生批判性地阅读大量指定书目,再经典的著作也绝不手软。不许总结归纳。学生来上课必须事先阅读指定书目。没人能比作者本人更好地表达自己的观点,所以不需要拙劣的总结归纳,也不需要别人写的入门读本与解说，一律只看原著（尽管是翻译成日语的）。而且要泛读，不要精读。久而久之，连本科生都能像模像样地给出"这部分没有证明""这段没有说服力"之类的评语。这可能是因为他们还不清楚人家是多么厉害的学界泰斗吧。在一旁听着的我倒是心中窃喜："不错不错，要的就是这股劲头！"

批判是读者的特权。只要你是信息的消费者，就可以随心所欲地化身为信息美食家或信息爱好者。就算没法与作者在一个层次上讨论，说一句"好不好吃、合不合口味"总归是没问题的。本科生止步于此倒也无妨，研究生就不行了。"不是不能批判，可你既然批判了，就得自己露一手"——批判既有研究，就意味着别人也能对你提相应的要求。因为研究生就是未来的信息生产者。

成为评论者

评论他人的论文，也是自己撰写论文的基础。

近四十年前，日本发行了第一本冠以"女性学"之名的学术期刊——《女性学年报》（日本女性学研究会女性学年报编辑委员会）❶。创刊号的主编就是我。《女性学年报》创刊于1980年，比日本女性学会的学术期刊《女性学》（1992年创刊）还早。那时还有人当面质问"女性学？那算哪门子的学问"。我想写

---

❶ 《女性学年报》创刊于1980年，2017年停刊，在近四十年中发行三十八期。每期都设有"女性学年报Q&A"栏目，评论员制度也是讨论项目之一。历届编委会对制度做过些许修改，但基本规则与创刊时并无不同。

的东西很多，可投稿去现有期刊也是徒劳，十有八九会被打上"太主观""称不上论文"的标签，惨遭退稿。既然谁都不肯刊登我们的论文，那就自己创办一本期刊好了。我们也不打算拘泥于公平、中立与客观，所以制定了一系列打破常识的规则，比如优先采用"对女性学心怀热忱"的作者的论文，优先采用编委会成员的论文，毕竟这本期刊就是我们努力为自己搭建的舞台。比别人付出更多心血的人理应收获回报。想让自己的论文登上这本期刊？好说，自告奋勇当编委就行了。

不过我们对论文的质量十分挑剔，所以引进了评论员制度，相当于学术期刊常用的同行评审[1]，但又有所不同。跟大家分享一段幕后插曲，其实《女性学年报》的评论员制度参考了东京大学社会学研究室的研究生自主发行的刊物《社会学家》(*Sociologos*)。为摒弃学术团体的权威主义，打造相互切磋、共同进步的研究平台，研究生决定自主创办期刊，并采用评论员制度。创刊成员包括桥爪大三郎、山本泰、志田基与师等人。我是《社会学家》的第一位（也几乎是唯一的）校外投稿人。

我对学术期刊的匿名评审制度[2]深恶痛绝，因为它极具权威主义色彩。我坚信审稿人应当堂堂正正地与作者对话，而不

---

[1] 学术期刊的评审是学术界同行评审的一种，这一审查环节能在一定程度上保证论文的质量。因此，刊登论文的刊物有没有同行评审机制，会直接影响一篇论文的分量。例如，许多大学规定博士生在提交博士论文前，须在有同行评审机制的学术期刊上发表过至少三篇论文。学术期刊一般都有同行评审机制，大学的学报则没有。

[2] 为求公正，审稿人不知道论文的作者是谁，作者也不知道谁是审稿人。这就是所谓的匿名评审制度。

是单方面地给出评判，所以原则上不接此类刊物的审稿工作。真有人找我，我也会问一句："贵学会公布审稿人吗？公布的话我就接。"可惜从没有学会答应过，于是我也幸运地躲过评审别人论文这种费力不讨好的差事。

撰写论文之前，人人都是外行。一个外行不可能随随便便写出一篇一万两千到一万六千字的论文。女性学素来强烈主张"女性经验的语言化"，坚信每位女性都有值得表达的观点。但问外行女性"要不要写篇论文试试"，她们不会轻易点头。不过，要是请她们当评论员的话，成功率就高多了。

《女性学年报》的评论员以两人为一组，一人是研究相关领域的专家，另一人则是完完全全的外行。评论尽可能面对面，让作者和评论员面谈。许多有趣的发现就诞生在双方的互动中。

在两人一组的评论员中，我一般扮演专家的角色。我会尽量让外行评论员先发言，因为我要是先开口，讨论就没法进行下去了。久而久之，我发现专家的评论和外行的评论往往是一致的。我们由此总结出一句标语——"外行不懂的，内行也不会懂"。（笑）解释不足、逻辑跳跃、过度泛化……再外行的读者都能揪出这样的问题。

另一个发现则是，尽管评论员不是传统意义上的审稿人，但还是会对作者产生影响。根据评论改写的修订稿往往会迎合评论员的意向，失去初稿的势头和原创性。于是我们会就修订稿给出第二轮评论，建议作者明确自己真正想说的究竟是什么，区分评论中哪些意见要采纳、哪些不采纳，并请作者提交第三稿。如此推敲出来的终稿会比初稿改进许多，得到作者和评论员的认可，堪称双方共同努力的结晶。我们也总结出一条教训：稿子至少要改两遍。

有知名作者被这项制度气得撤稿，说"从没有人这么折腾我的稿子"。但也有作者千恩万谢，说"从没有人这么认真地看我的稿子"。真是一样米养百样人啊。

评论员与作者之间的关系很是微妙。学术期刊的审稿人有权决定是否接收稿件。他们不点头，结局就是退稿。而在《女性学年报》，评论员就只是评论员，编委会将参考评论员的意见，决定是接收还是退稿。作者也可以无视评论，坚持使用初稿。但评论员往往还是会发挥把关人的作用，对作者施加无形的压力，仿佛"不过我这一关，你就无法更进一步"。在《女性学年报》的历史上，也确实出现过一些因评论员权力过大或过于专业引发的纠纷。即便如此，以面谈而非书面交流为基本原则的互动还是为评论员和作者带来了许多益处。

在评论的过程中，评论员会逐渐了解到论文是什么、如何撰写论文、什么样的论文才是好论文。一年过后，原本是外行的评论员摇身一变成了作者。《女性学年报》通过这种方式培养出了一支作者后备军。在此过程中归纳而成的"评论心得"如图表14-1所示。

区分内部评论和外部评论

通过评论总结出来的种种教训中，最重要的一条就是——

0. 基本中的基本
·己所不能，勿强求于人！

1. 前言
·评论的作用在于：①启发作者，帮助作者更好地表达自己的意图。②指出论点的缺陷或论述中的问题。③预测可能出现的批判，为作者贡献应对的智慧。
·评论≠批判。所以不要鸡蛋里挑骨头，也不要别有用心地批判。
·评论≠反驳。所以不要将自己的异议或反驳强加于人。等论文发表后，再以书评或论文的形式发表自己的观点。
·指出问题时，最好一并给出"可以这样改"的替代方案。

2. 内部评论
·沿着作者的论点和主张，在接受以上前提的基础上，就论点的不一致、不彻底及其扩展和应用的可能性给出建议。
·整体结构和目录
·论证展开与理论、概念装置
·既有研究、调查资料的全面性和阐释
·论点的妥当性与说服力

3. 外部评论
·从作者射程范围之外的视角指出局限或缺陷。作者往往局限于自己的构图，难以从大局上相对地审视自己的观点。从外部视角指出问题，可一举扩大作者的射程与视野。外部评论也是为了作者更好地表达主旨和意图而给出的建议，并非为了否定作者。
·外部评论容易沦为强人所难。要积极评价有的东西，不要挑剔没有的东西。一篇论文不需要对研究对象做到面面俱到。但若缺失的是会造成致命问题的变量和因素，则应积极提醒作者完善视角与分析。

图表14-1　如何评论

"己所不能，勿强求于人！"

评论不是吹毛求疵，而是：①启发作者，帮助作者更好地表达自己的意图；②指出论点的缺陷或论述中的问题；③预测可能出现的批判，为作者贡献应对的智慧。

评论既非批判，亦非反驳。即使你不同意作者的观点，也要尽可能协助作者完善论点，使其更具说服力，充分预判可能的批评，并指出作者没注意到的缺陷，在此基础上协助搭建论点，提升论文的完成度。如果你对论文有任何批判或异议，大可在论文发表后以书评或论文的形式发表在恰当的媒体上。我们的任务不是省力地翻过最好翻越的山丘，而是尽可能完善对方的论文，将其打造成值得攀登的高峰。

为实现这一目标，很有必要区分内部评论和外部评论。所谓内部评论，就是沿着作者的论点和主张，在接受以上前提的基础上，就论点的不一致、不彻底及其扩展和应用的可能性给出建议。外部评论则是"少了这个、缺了那个、没看到××"。说白了就是强人所难，鸡蛋里挑骨头。

外部评论也不是一无是处，因为它能指出作者没有意识到的局限和缺陷。作者往往局限于自己的构图，难以从大局上相对地审视自己的观点。从外部视角指出问题，可一举扩大作者的射程与视野。外部评论也是为了作者更好地表达主旨和意图而给出的建议，并非为了否定作者。

评论的关键在于，积极评价有的东西，不要挑剔没有的东西。"缺了这个""没提到那一点"等外部评论不必过于介怀。

"缺了这个"往往可以翻译成"论文里没提我想知道的"。作者大可撂下这么一句话——"那是你的问题啊,我又没有义务回答你的问题。"换个角度看,评论员的职责是在共享作者提出的问题的基础上,协助作者在该问题的范围内给出更好的解答。

能否对某个问题做出回答,可能取决于提问方式和采用的方法。假设你的研究主题是围绕儿童性虐待的媒体话语分析,要是有人问"儿童性虐待究竟是增加还是减少了?实际情况如何",这项研究唯一能给出的答案就是"不知道"。媒体是话语而非现实,因此话语分析的方法只能展现话语层面的情况。要想了解实际情况,就得换成别的提问方式、对象和方法。既然如此,在被问及"实际情况如何"时,你完全可以回答"这不是我的问题"。因此,这样的评论本就是不恰当的。

提问方式和对象与方法的组合决定了切入主题的角度,也必然存在局限性和盲点。一篇论文不需要对研究对象做到面面俱到。但若缺失的是会造成致命问题的变量和因素,评论员应积极提醒作者完善视角与分析。

如何做内部评论

评论也有一定的规则,讲究从整体到细节、从重要到次要。

先评论问题的原创性和论点的清晰度,再俯瞰整体结构和目录的合理性。

接着探讨论证展开、理论与概念装置的用法是否恰当。这个环节还要推敲既有研究和调查资料的全面性及解释的妥当性，如果作者遗漏了该领域的重要既有研究，应及时指出。如果你也是该领域的专家，则需要判定理论和概念的用法是否恰当。

最关键的是论点的妥当性和说服力。很多论文会对既有研究提出某种挑战或修正，但读者读完以后要是没被说服，那就毫无意义。所以文章的细节很重要。评论员应指出作者撰写时没有注意到的问题，如术语解释不到位、逻辑跳跃、前后矛盾等。外行评论员的目光在这种问题上最是犀利，这也能从侧面体现出不说人话的论文确实很多。

如果你指出问题（"这个表达怪怪的"），最好一并给出替代方案（"可以改成这样"）。能做到这一点，说明你的评论功夫已经相当到位。如果你能给出让作者心服口服说出"对对对！我就是这个意思"的替代方案，那就意味着你做出了符合作者逻辑和心理的内部评论。评论必须要让作者认同，否则就不能发挥应有的作用。"没、没错！老师，您怎么这么懂我的心思啊！"——研讨组的学生常有这样的反应。正所谓姜还是老的辣，这么多年的老师可不是白当的。

有用的评论与无用的评论

评论不只有有用和无用之分，还有采纳后会产生负面影响的评论。从被评论者的角度来看，分辨评论的优劣也很重要。有些学生会迎合评论员的权威，受到不必要的影响，这种时候务必牢记提问的初心。

权威附带权力的情况就比较麻烦了。学术期刊的同行评审若是没过，还能换个平台继续投，博士论文审查委员会的评论就不好办了，毕竟委员会掌握着授予学位的权力，攸关学生的生死存亡。还有些学校打着跨学科的旗号，找来不同领域的评委组成审查委员会，实在让人头疼。我见过很多学生被评委会基于自身给出的凌乱无章的评论耍得团团转，坠入混乱的深渊。遇到这种场合，分辨评论是内部还是外部、是否应当采纳的能力，就显得尤为重要。

评论能力是可以训练的。上野研讨组要求学生向每一位报告者提交评论意见，以此训练他们的评论能力。如果一堂课上有四人做报告，那每个学生需要在下课前提交五张评论卡（四张针对报告者，还有一张给我，写针对这堂课的意见）。我不会额外留时间给学生写评论卡，报告和讨论一结束就收，所以根本没时间打瞌睡开小差。不竖起耳朵听报告，就无法给出准确的评论，所以学生自然听得相当认真。评论卡原则上使用 B6 尺寸的纸，和京大式卡片一样大，这样就不用写太多字。几百张评论卡（全年三十堂课乘以人数）写下来，评论能力自是突飞猛进。有些学生甚至能通过一年的训练掌握媲美导师的评论能力。有些研讨组也会让这种具备指导能力的研究生当小组长，带领同学开论文讨论会。被评论的次数多了，自然而然也能区分出有用的评论和无用的评论。所以评论和被评论的经验都要多多积累。

召开评论会

学生提交样章后必须举办评论会。我会将各个样章分配给学生，让他们自愿两人一组担任评论员，按照评论规则制作讲义并做口头报告。当然，样章文档要提前通过网络共享，确保全体学生在评论会前看过。评论员不止一个，评论能力的差异也会突显出来。

上野研讨组绝不会出现一稿过的情况。人人都要参加评论会，并在此基础上提交修订稿。《女性学年报》的经验告诉我，论文最好改两次以上，但奈何时间有限，难以实现。不过，草稿终究只是草稿。只有经过第一批读者的研读与评论之后反复修改，才能打造出高水平的论文。所以许多研究专著会有"感谢某某对草稿提出的宝贵建议"等冗长的致谢词。换句话说，论文有别于小说，不是一个作者天马行空的产物，而是一群研究者通力合作的结晶。这正是研讨组、研究会和学术会议等讨论平台如此重要的原因所在。

提升防御力

既然说到评论能力的重要性，那就顺便提一提如何提升"防御力"吧。在学位论文的评审过程中，口头答辩是绕不过去的关卡。评委会就论文的弱点和缺陷提出质疑，区分内部评论和外部评论的能力也能在答辩环节派上用场。如果评委给出的是外部评论，用"这不在我的问题范围内"或"这是您的问题，不是我这篇论文的问题"顶回去就行了。内部评论则需要用心回答，如有必要反驳，就堂堂正正地反驳。大多数问题都能在正文里找到答案，只是有些答案没放在正确的位置，所以读者没注意到。这时只要告诉对方"问题的回答就在第×页的第×行"。若有误解或误读，则应解释"那一段不是这个意思"，争取对方的理解。如果对方指出解释不到位或错误之处，请大家回答"感谢您的意见，我会用作参考"。被戳中要害，也不妨坦率承认"是的，我也认为这方面比较薄弱，会再做推敲"或"是我没有研究到位，今后会再接再厉"。

反之，如果对方的批评含糊其词，缺乏具体细节，那就可以追问"请您具体解释一下刚才那部分的问题出在哪里"。评委最怕的反应就是作者谦虚地征求他们的建议，反问道"您说得很对，那怎么改比较好呢"。没想到这层的评委定会被击中要害，措手不及。在学位授予制度下，评委手握重权，往往是想说什么就说什么，殊不知在评审的过程中，评委的审查能力也在接受考验。

所谓防御力，就是贯彻自身主张的技巧。碰到中肯恰当的评论就欣然采纳，不恰当的则予以反驳，甚至视情况拒绝，这都是理所当然的。防御力也是一种能通过历练培养的能力。

主持人的作用

最后再聊聊主持人。

上野研讨组会让学生轮流担任主持人，这样不仅能避免老师的权威影响讨论的节奏，还能让全体学生至少体验一次主持人的角色，掌握相关技巧。虽然都坐在自己的座位上，但一旦进入主持人角色，看待讨论的角度也会改变。如果只是作为听众，还能用沉默搪塞糊弄，当了主持人可就无法忍受沉默了。

主持人绝不仅仅是点人发言。主持人的真正职责是在有限的时间资源内合理分配重要议题，把控讨论流程。如果主持人张口就说"请大家针对刚才的报告随意发言，提出问题或意见"，我会立刻介入说"这不是主持人的工作"。问题都在先前的报告里。主持人该做的是整理这些问题，按优先级排列，告诉大家"接下来将针对这几点，按这样的顺序开展讨论"。

"如果有不清楚的部分，或对事实关系有疑问的，可以先提出来"——这么说也是主持功夫不到家的表现。因为这意味着你把有限的时间资源用在了优先级最低的事情上。这种细枝末节的疑问属于瑕疵。当务之急是讨论更大的主题或论点。如果真是致命的疑问，必然会出现在讨论过程中。

这样一来，我嘴上说要尽量避免教师的介入，实则对主持人严格干预。我对无谓的问题毫不留情，对沉默更是零容忍。因为沉默代表同意。要是大家都没意见，我就会拔刀相向，说"那我倒要问问"。不仅如此，就像美国课堂上沉默就等于缺课一样，If you don't speak out, you don't exist（不发言等于不存在）是上野研讨组的座右铭。有时上完一堂课后，我会狠狠瞪着学生说："今天发言的人有○○同学、××同学……总共五位，看来这堂课总共就来了五个人。"

学生们自是胆战心惊。

"上野老师真吓人啊,不吭声不行,说废话也不行。"

我当然不会对学生大吼大叫或厉声训斥。但眼看着一声不吭的我眉间的皱纹越来越深,他们也捏着一把冷汗。

主持人的职责是有效利用有限的时间资源开展有意义的讨论。主持人不一定要限制发言,但介入过度以至于霸占讨论平台也不可取。做主持人可不是点人发言那么简单,需要通过积极的引导和干预把控全场。"有意义的讨论"必须引导报告者和听众获得超越报告本身的发现,否则讨论就没有价值。

学术研讨会的主持人被称为"仲裁人"(moderator)或"协调人"(coordinator)。顾名思义,其作用是协调、调解并衔接不同的观点。主持人扮演的角色非常关键,需要从高于与会者的视角俯瞰全局,考虑讨论的路径和落脚点,提前设想各种情况,在出现意外情况时灵活应对,确保发言者和听众满意而归。

不过话说回来,国会这个国家最高权力机关也设有议长,可我实在不觉得坐在议长位置上的人履行了应尽的职责,唉。

15 学习论文的写法

走到这一步，论文就基本完成了。我想在此隆重向大家介绍一篇精辟总结前几章内容的文章，那就是东大上野研讨组的"大掌柜"松井隆志同学编写的上野研讨组论文写法指南。从本科生到研究生再到博后，松井同学始终在我们研讨组赖着不走，得了个"老大哥"的雅号。研讨组的学生如何理解我的教导，我说的话与他们的理解之间有无出入，都能通过这份"证词"得到检验。

上野研讨组会在每年冬夏两季开展集训，每次都有二十多人参加。除了研讨组的正式成员，还有其他院系的本科生和研究生，外加来自其他大学的编外学员。集训持续三天两夜，从早到晚不是报告就是讨论，只有短暂的中场休息，而且每一轮都要写评论卡，根本没时间打瞌睡。在这个过程中，大家会越来越兴奋，进入一种类似"跑者高潮"的状态。话说某次集训，旅馆经理来打招呼，结果被房中的景象惊得瞠目结舌，直呼"你们真在埋头做学问啊"。据说其他大学的研讨组集训都是轻松愉快的项目，上野研讨组的集训日程却安排得特别紧，哪怕去了风景名胜，也是连出门散个步的闲工夫都没有。

我每年都要求集训负责人找首都圈附近（车程不超过两小时）带温泉的旅馆。我是狂热的温泉爱好者，集训期间也就只能在泡温泉的时候喘口气。我们研讨组有过一位坐轮椅的外国留学生，所以那段时间我特别熟悉首都圈的无障碍温泉设施。我就是通过这种方式跟女生们建立起"裸裎相见"的关系。

本科生一年一换，研究生不然，一待就是好几年，这也是指导研究生最痛苦的地方。所以上课的时候我也不能翻来覆去老一套。要是学生在心里嘀咕："搞什么嘛，这不是跟去年一样嘛！"那多不爽啊。我每年都会调整课堂内容和研讨组的主题，还给自己定了一条规矩：用过的文本决不用第二次。不过是个人美学使然。我在东大待了十八年，年年完成这个目标绝非易事。倒是有不少学生好奇"不知道老师今年会玩什么新花样"，成了研讨组的回头客。甚至有个编外学员赖了整整十二年。

上野研讨组的集训还有一大特征：既有本科生和研究生，还有外校生。大家年龄不一，经历各异，甚至有人只参加集训。这就要求学生必须用别人听得懂的方式做报告，"老带新"的效果也能借此机会充分体现出来。在研究生院待了几年之后，松井同学已然具备媲美导师的教育指导能力，以至于我时常感叹："这评论仿佛是从我嘴里说出来的……"如果研讨组里有好几位评论水平和指导能力与松井同学相当的研究生，哪怕导师一声不吭，讨论也能顺利推进。如果双方年龄相差不大，当师兄师姐把师弟师妹批得体无完肤时，就需要导师跳出来说"哎呀，不至于不至于，这内容还是有亮点的"，恰到好处地拿捏场面的平衡。最好是让别人唱白脸，老师自己唱红脸，得了便宜又卖乖。（笑）

集训期间还会安排师兄师姐开讲座，聊聊考研攻略、搞定本硕论文的秘诀或各自的求职经历。上野研讨组就是这么体贴。松井同学主讲的论文写法讲座便是其中之一。下面引用的就是修订数次后的最终版论文写法指南的精华。

"在东大和上野千鹤子学写论文"这个标题借鉴自遥洋子女士的《在东大和上野千鹤子学"吵架"》（遥，2000/2004）。当然，我教的是怎么做研究，而不是怎么吵架。松井同学归纳的指南精辟传达了上野研讨组的核心。内容与之前的章节基本重合，忠实记录了学生是如何理解我的课的。据说各小节的标题都是我上课时的口头禅。哪怕说者忘得一干二净，听者还是牢记在心。

我的发言主要以疑问句的形式出现。从下半身到全球化，从社保政策到初音未来……社会学是一门涉猎范围广得可怕的学问，教师不可能具备足以为每个学生答疑解惑的专业知识。精神科医生斋藤学先生曾说："专家不是懂得很多的人，而是能陆续提出恰当问题的人。"当时有人问他，前来就诊的客户都有非常私人的烦恼，专家面对自身不了解的问题应该如何是好。

仔细想想，让松井同学印象深刻的这些问题，确实都是写论文的人绕不过去的问题。

在东大和上野千鹤子学写论文（节选）

0. 前言

本文为上野研讨组集训讲座"论文写法"而写。我（松井）从上野千鹤子教授在研讨组及其他场合的发言和评论中精选出了对撰写论文比较重要的内容，从个人角度加以诠释，总结成我心目中的"论文写法"。

1. "希望你们志存高远。"——设定主题

在大多数情况下，撰写论文是迫不得已。

但这只是最低限度的条件。

一篇论文（或者说一组文章）若想被读者视作连贯的、有意义的整体，主题必不可少。论文的主题就是研究目的，即"我想弄明白××"。

"何不从你想研究的做起？"

考上大学/研究生院、选择社会学并来到上野研讨组的你，肯定有自己的关注点、课题与目的。撰写论文是一项相当艰苦的体力劳动，只有做自己觉得有趣的课题才能坚持下来。自己都不觉得有趣的论文，别人又岂会感兴趣？比起纠结细枝末节，

更重要的是明确自己到底想阐明什么。

"包袱皮摊得太大。"

话虽如此,探究自己想探究的一切终究是不现实的。如果你在发表论文构想时不顾现实层面的制约,就会得到"包袱皮摊得太大"的评语。在这种状态下动笔,就会不知道何时能到达何地,陷入窘境。

包袱皮太大,想办法叠起来就是了。不妨先把自己想研究的大胆摆出来,作为撰写论文的第一步。

2．"这不算论文。"——论文的形式

论文有必须遵循的形式,否则就成了寻常的读物。不按论文的形式写,就会得到这样的评语:"这不是论文,而是随笔。"

"如何用一句话陈述你的主张？"

最开始想到的主题往往很笼统(比如"关于××")。在主题模糊不清的情况下,论文是无法更进一步的。"A 是 B"应该是最简单的论文结构。"请用一句话陈述你的主张",就是能帮助我们厘清主题为何的评语。

正因为一句话说不清楚,才要写动辄几十页的论文,但在试图用一句话概括的过程中,我们不得不分拣哪些相对重要,哪些不必要。用一句话陈述主张,有助于明确论文的骨架。

"这项研究的假设是什么？"

为了将"关于××"的模糊主题转化为"A是B"的形式，我们需要聚焦问题，使其更为具体。若能将"我想了解××"置换成"A是B吗"，就能导出论文的基本结构"A是B"。这个具体的疑问句"A是B吗"就是论文的假设。

在论文这个有限空间中设定"你具体想了解什么"，就是假设。因此假设的受限程度与论文的清晰度成正比。

"这篇论文主张的是□还是△？"/"论文的落点在哪里？"

反之，没有明确坚实的假设，就无法清晰呈现论文的基本结构"A是B"，导致结论含糊不清，或看似存在多个主张。那么你就会得到上述评语。

当然，历史上有些学界伟人在论文中提出了非常模棱两可、不能简单概括为"A是B"的主张。也正因为如此，后人才会产生种种阐释其正当性或合理性的讨论。然而，他们的论文也许是"伟大"的，却称不上"清晰"。我们这些凡夫俗子还是应当以"清晰明确的论文"为目标。

"问题和方法不太匹配吧？"

从"A是B"往真正的论文推进一步，便成了"A是B，因为C"。光有"A是B"的主张，那就是单纯的"断定"。其依据C才是论文的核心部分。具体来说，C对应的是调查、分析和考察。

"这已经是常识了。"

你设定好了妥当的假设,也根据假设开展了相应的工作,成功构建起"A 是 B,因为 C"这一主张,但上野教授可能会给出这样的评语:"你的主张已经是常识了。"言外之意,你呕心沥血写出来的论文毫无意义。

无论你的主张在逻辑层面多么准确、多么符合事实,只要那是别人阐明过的,你的论文就没了存在的意义。写出一篇完全原创的论文几乎是不可能,可要是没有任何原创的元素,就没有必要写新论文。

为避免这样的批评,我们必须练好论文的基本功——回顾既有研究。这一步是为了确认自己正要撰写的论文不全是炒冷饭,也不全是未经开拓的真空地带。找到既有研究中恰当的缝隙,钻进去不断深入,就能写出在某些方面具有原创性的论文了。

"写不好目录,就没法写出好论文。"

将"A 是 B,因为 C"这一整体主张的内容以示意图的形式呈现出来,便成了目录(论文结构草案)。目录应当是整篇论文的蓝图。

好论文的目录足以让读者把握内容的架构。反之,如果目录没有发挥出坚实骨架的作用,读者就搞不清整篇论文想表达什么。

当然,最初搭建的目录会在撰写过程中不断变化。但这并不意味着目录可以随便乱写。每一版目录都必须是当下的最佳预想图。

3. "写你能写的,而不是你想写的。"——名为"现实"的制约

现实世界中的论文有截止日期和页数限制,论文执笔者的知识和能力又很有限。从这个角度看,"写你能写的,而不是你想写的"就是我们必须牢记的口号。

没有"想写的",自然就不会有"能写的",可要是不顾限制条件,一味追求"想写的",到头来也是两手空空。

"离截稿只剩△个月了。"

"能写的"是由什么决定的呢?

首先是时间限制。"离截稿只剩△个月了"——对论文执笔者而言,最残酷的打击莫过于此。我们也只能从截稿日倒推,规划一下自己能做什么、能做到什么程度。

我们要随机应变,明确在剩下的时间里应该做什么、可以做什么。为此,我们必须清楚意识到剩余多少时间。

"资料的范围有多大?"

工作量是决定"能写什么"的另一项关键制约。在评论论文构想时,教授常会问起"资料的范围有多大",诸如要分析几年份的资料、涉及哪些领域,甚至会更具体地问到要看几本书、分析几条视频、访谈几个人等等。

哪怕你的论文结构方案在逻辑层面完美无缺,只要工作量不切实际,就不可能写出论文。时间、工作量等物理层面的限制也是论文成立的先决条件。关于资料范围的问题能帮助我们

认识到这一点。

"别让我听一样的报告。"

实际开始分析数据或撰写部分章节等具体的研究步骤后，初版蓝图的实操性才会逐渐明朗。既然如此，尽快着手、尽快发现问题并妥善修正轨道才是明智之举。

从这个角度看，我们很有必要在正式截稿日之前自行设定若干个阶段性的截稿日，督促自己以少量多次的方式完成。因此也应当积极利用研讨组中期报告、论文讨论会等机会。

常有人以"研究没有进展"为由逃避报告，我不赞同这种做法。研究进展得再不顺利，也不应该逃避报告，或是用一样的内容蒙混过关。尽可能展示自己努力推进的成果又岂会是白费力气？教授当场给出的评语也许是"别让我听一样的报告"，但你迈出的这一小步可能会在截稿前夕产生重大的意义。

4．"想说的没表达出来，作者应负全责。"——表达技巧

框架搭得再好，要是文笔表达不够成熟，预期的内容也无法传达给读者。这意味着你为撰写论文付出的所有心血都将付诸东流。"想说的没表达出来，作者应负全责"是一种极端的设想，但尽可能避免误读、追求确切的表达终究是作者的义务。真发生了误读，头疼的也只会是作者。

"光看这个，不知道你想说什么。"／"讲不通。"

必要的信息没有出现，说明作者自己也没搞清哪些信息是必要的，于是写出了一篇自以为是的论文。理应确保读者光看论文就能理解你想表达的观点。

"这是谁的概念（主张）？是你创造的概念（主张）吗？"

如果你明知某个观点是别人已经提出过的，却把它用作自己的观点，还不标明出处，那就叫"剽窃"。把自己的独断说成别人的发言则是"捏造"。

"这是谁的概念？"这个问题能将沉溺于自我主张的执笔者拽回现实世界。如果执笔者自以为通过创造术语推进了论述，那么这个问题就能让他们意识到，他们所谓的术语不过是没被定义过的、自说自话的自造词，进而认识到论述不仅没有更进一步，反而变得模糊不清了。

"这个概念和△△、××是什么关系？"/"用英语怎么说？"

上述评论也有助于明确概念。

在撰写论文时，我们需要有意识地确定概念的含义。

通常情况下，某个概念只有在与其他概念的关系中才有含义，专业术语也不例外（专业术语的人为成分更多，这一倾向也更明显）。例如，在马克思主义革命运动的脉络下，"群众"是和"先锋"成对的概念。而在大众社会理论的脉络下，"群众"是区别于"公民"的概念。在流行文化理论中，"群众"与"平民"等概念相近，与"精英"相对。

了解某个概念的同义词和反义词，可以帮助我们再次确认这个概念应当在何种意义上使用。

将概念换成英语也有类似的效果。"用英语怎么说"这个问题绝不是出于认为英语表达更准确的语言崇拜。在过度依赖日常语感，以至于概念含义变得模糊不清时，我们可以刻意将其翻译成外语，有意识地重新梳理这个概念与背景中的其他概念之间的关系。

5. "学问不为真理服务。"——名为"学问"的政治

做到以上几点，应该就能写出堪称"论文"的文章了。照理说，我本可以在此为论文写法讲座画上句号。但我认为上野研讨组绝不会无视下一个阶段的问题，那就是——写好的论文究竟能带来什么？

学问与论文都不可能做到政治层面的中立。能在多大程度上考虑到这一点，是我们最终不得不面对的难题。

"So what？"

假设我们面前有一篇论文做到了上面讲解的每一条要求。设定了主题，提出了假设，经过了妥当的检验，最后提出了主张。主张有原创性，行文也清晰明快。然而，有一句可怕的评语可以给如此"完美"的论文一记重创。

"那又怎样？"

不管论文本身多么符合论文的形式，如果写论文的意义没有传达到位，就无法收获赞誉。当然，光是写出一篇符合论文形式的文章就很费时费力，仅仅做到这一步有时也是一种成就。然而在上野研讨组，这是毫无意义的。一定会有人问："你想通过这篇论文做什么？"这个问题与开头的"希望你们志存高远"形成闭环。换言之，徒有论文的形式是不够的。

"××读了这篇论文会有什么反应？"

既然撰写论文是一种政治实践，那就必须正视论文将为包括作者在内的当事人带来何种影响。论文对某些人产生负面效果是常有的事。

当事人读到写好的论文时会有什么反应？自己又该如何应对？这都是不容遗忘的问题。

如前所述，这些涉及论文效果的问题与开头的主题设定问题密切相关。

始于"自己想做什么"而设定的主题在变成论文后会引发怎样的效果？对效果的预期会反过来修正你对问题的关注点。

6. 结语

上野研讨组的文献报告原则上不要求总结概括，有意义的唯有评论。因为理解论文的内容只是理所当然的出发点，在研讨组报告这种理所当然的内容也毫无意义。如何在解读论文内容的基础上开展批判性的审视才更重要。论文需要的是冷静的考察与分析，需要的是冷静辨别哪些妥当、哪些不妥当的能力。因此批判性审视的态度必不可少。

青涩的我们需要向既有研究学习，向老师学习，不断吸收他们的指导。不过在我看来，在聆听前人的意见之后，我们应当做批判者而非"信徒"。希望大家也能认真阅读这份论文写法的讲义，在此基础上用批判性的眼光审视它。

上野研讨组的 DNA

我一边引用一边忍俊不禁。学生的观察可真是细致入微呀。

我完全不记得自己说过"离截稿只剩△个月了"。对导师来说可能不算什么，可是对本科生和研究生而言，这句话怕是意味着穷途末路的恐惧。毕竟毕业论文错过最后期限就铁定留级，晚交一个小时都不成。话说回来，确实有学生受不了老师隔三岔五地问"论文写得怎么样了"，连研究室都不敢去。然而，老师跟编辑一样，"讨人嫌"就是这份工作的价值所在。如果老师都懒得问，说明这个学生已经无药可救。

So what?（那又怎样？）则是我自己也印象深刻的"掀桌"问题。言外之意，你的研究是为了谁、为了什么而做？在听完冗长的研究报告后问出这句话，那就非常要命了。

我反复强调，研究也是一种传达给收件人的讯息。令我深感欣慰的是，松井同学在指南的开头引用"希望你们志存高远"，在结尾又以"So what?"重提学问的志向。上野研讨组的 DNA 定会以这种方式一代代传承下去。

第六章

传达给读者

16 口头报告

简报能力很重要

向他人展示研究成果的能力变得愈发重要了。

在英语中,展示讯息称 presentation(简报),向听众传达讯息则称 delivery(传达、讲演)。只有听众接收到的讯息才是有价值的。研究的终极输出就是传达给他人。公开出版论文也是一种传达。publication(出版物)的词源正是 publicize(公开)。与他人分享自己的知识产物,使其成为公共财产,就是出版的意义所在。你的研究成果将以这种形式被纳入学术界的财产目录。

信息生产的输出为语言性产物。语言性产物有两种媒介:口头和书面文字。口头输出被称作口头报告;研究最终需要书面文字的输出,即论文。在没有音像记录媒体的年代,口头报告是转瞬即逝的。现如今口头报告也能借助音像媒体反复重现,但书面输出仍是首选。"作品"指代的终究是以文字书写的东西。

因此学术界评判业绩时更看重著作与论文的数量，而不是在学术会议和讲座上口头报告的次数。

以文字媒体记录的信息被保存在图书馆中。截至目前，人们还没有发现比用墨水写在纸上的记录更具耐久性、足以流传千年的东西。数字媒体会因为磁盘劣化受损，解码软件也会不断老化，最终无法读取。数字媒体包含的信息再多，若是无法读取，就成了纯粹的垃圾。数字媒体登上历史舞台还不到一个世纪，其使用寿命是否能超过百年还有待验证。公开出版物的最终归宿是图书馆。论文别无所求，只盼自己不要沦为图书馆的呆滞库存，希望能时不时被唤醒一下，被阅读和引用。

时间是稀缺资源

如前所述，书面表达和口头表达需要不同的技能，而今天的信息生产者要做到两手抓两手硬。本章将重点讲解口头报告的技巧。

口头表达的一大变量是时间。对于书面文字，读者可以自行控制时间资源的分配，而口头报告的时间资源由报告者掌控。因此，口头报告的关键就在于时间管理。时间是有限而稀缺的资源，每人每天就只有二十四小时。尤其在一场接一场的学术会议上，必须在报告者之间妥善分配时间资源。每位报告者能分到的时间为十五到二十五分钟不等，基本都在二十分钟上下。报告者必须在这二十分钟内陈述问题设定、对象和方法、论证过程、发现与结论。如果有六十分钟，就在六十分钟内做同样的事情。有九十分钟也一样。时间更充裕，分享的信息量就会更多，论证过程可能也更细致一些，但基本思路并无不同。也许更充裕的时间只会让你的陈述变得冗长。

习惯了二十分钟从头讲到尾的口头报告，你就会觉得三四十分钟很宽裕。在外国的学术会议上，哪怕是特邀演讲和主旨演讲也就给四十分钟左右。给四十分钟足以体现出这位演讲者享受到了特殊待遇。日本的标准演讲时间则是六十到九十分钟。这个时长可能很适合观赏曲艺，但"时间变长"并不能和"信息量增加"画等号。

顺带一提，大学的一堂课通常为九十到一百分钟，义务教育阶段则是四十到四十五分钟。据说人的注意力最多只能维持九十分钟，小学生和初中生还得打个对折。上惯了九十分钟的课，就会觉得四十五分钟特别短，但四十五分钟能传达的信息其实不少了。而且最近有许多老师表示，他们不得不像电视节目插播广告那样，每隔十五分钟就休息一下，不然学生肯定要分心。话说国际知名的TED演讲也是每人十五分钟。演讲者要用这短短的十五分钟打动观众，引出笑声与泪水，可见十五分钟足够传递连贯的讯息。

上野研讨组高度重视时间管理，报告时会用到计时器（就是常见的厨房计时器）。报告研究计划或目录给五分钟，再留五分钟的评论时间。硕博论文的报告给二十分钟，评论环节也是二十分钟。时间一到，厨房计时器就会以刺耳的铃声警告报告者。为什么报告研究计划只给五分钟？因为研究计划相当于

231

广告气球,作用是宣布"我要用这种方法研究这个对象",尚未启动研究也能大说特说。最要紧的研究内容(论证与结论)在后头。学术会议的报告一般只给二十分钟,前言(问题设定、对象和方法)讲五分钟,本论讲十分钟,结论讲五分钟,加起来才不会超时,所以前言绝不能超过五分钟。常有研究生在学术会议上没完没了地讲研究计划的部分,还没来得及进入本论,时间就不够用了。连听几场这样的报告,我就会烦得在心里直嚷嚷:还我时间!

在上野研讨组,分配给报告和评论或讨论的时间基本是一比一。每人能分配到四十分钟的课堂时间资源是研究生的特权。如果将其中的三十五分钟用在报告上,评论和讨论的时间就会相应减少。研讨组是互相切磋的平台。侧重报告,就会错失锤炼自身观点的机会。

话说我们研讨组出过这么一件事:我向来走美式路线,准点上下课(下课不一定准时就是了)。一天,要做报告的学生无故迟到。包括我在内的二十个人苦等二十分钟,他才气喘吁吁地冲进来说:"老师,对不起!"我告诉他:"你要道歉,就跟在座的每一位道歉。你浪费了二十人份的二十分钟。"学生无言以对,流着泪向大家道歉。坊间盛传"上野研讨组会把学生骂哭",这次是真哭了鼻子。

口头报告可以糊弄

大家有把握用二十分钟呈现自己的研究成果吗?

其实口头报告比撰写论文容易得多,因为前者可以糊弄。毕竟只有二十分钟,论证难免会粗糙一些,提出的证据也相对较少。而且时间不能倒流,只要切到下一张PPT,哪怕逻辑过于跳跃,也很容易混过去,不像书面论文可以往回翻。人的记忆本就模棱两可、靠不住,听到中间就把开头忘了。只要结尾收得漂漂亮亮,听众就会啧啧叹服。

事实上,我见过不少口头报告行云流水,真动笔却处处碰壁的学生。口头报告还可以糊弄,书面论文糊弄不了。毕竟读者可以反复阅读书面文字,停下来细看或倒回去重看都行。

口头报告是一种自我申报,是当众宣布"我做出了这样的成果",以便将读者引向真正的产物,即著作与论文。所以站在作者的立场上讲,最让人窝火的要求莫过于"用一小时简述一本耗费数年写成的书"。我更希望大家认真阅读我呕心沥血撰写的文章,而不是在听完演讲之后生出"听过就是读过"的错觉。

PPT的功过

口头报告的工具在这数十年里实现了技术层面的飞跃,甚至这年头离了PPT就没法上课。视听教学在理科领域应用得很早,文科也不例外。2011年从东大退休时,我找身边的文学部教师打听了一下,发现上课时使用PPT的占了大半,不用的已成少数派。

我也会在演讲时使用PPT,用久了都离不开它。但我也痛感PPT既有益处，又有害处。

影像具有强大的传达能力。将语音转成文字、图示本该写在黑板上的模型、将统计数值制成图表、加上视频和音频……如此一来，传达强度比干讲高出好几个等级。在没有PPT的年代，老师要提前剪贴和复印统计数值、图表与引文，做成讲义分发给学生。后来才有了投影仪，再后来幻灯片演变成PPT，视频、动画和音频都可以融入其中。

然而，这也造成人们对PPT过度依赖。有了PPT，就得按PPT的顺序讲，PPT里没有的就不太好讲。而且PPT受制于时间顺序，很难临机应变地调整先后。这就导致演讲者只能按照原本的设想讲PPT。

要想利用有限的时间资源，呈现一场没有一句废话的高效演讲，最万无一失的方法就是朗读提前备好的逐字稿。也有人将这种方法和投影仪或PPT结合起来，直接把逐字稿以文字信息的形式放在画面上，然后念出来。用外语演讲的人常会选择这种念稿的方式。近年来，为确保身心障碍人士也能获取信息，有些地方提供要点笔记的服务，会有专业笔记员将发言内容实时转录成文字，几乎没有时间差。在这方面，要点笔记与逐字稿有着异曲同工之妙。但两者的决定性区别在于，有了预先准备好的逐字稿，讲者和听众就能预料接下来会讲什么了。而从沟通的角度看，有了这样的预期，谁还能对这场交流产生兴趣呢？

在大阪大学沟通设计中心借助戏剧讲授交流理论的平田织

佐先生，曾在著作《慢慢下坡》（平田，2016）中有这么一段精彩论述——人为什么会被发言吸引？因为瞬间的停顿与卡壳会清空听话人的预期，逼得他们直面说话人（具体措辞记不清了，反正大意如此）。所以从严格意义上讲，"口若悬河的高谈阔论"并不是真正的滔滔雄辩。

几年前，迈克尔·桑德尔教授在NHK上的节目"哈佛白热课堂"引起各方热议。我也看了那档节目，惊讶地发现他完全没用到PPT。与听众的对话堪称学问的原点，而他正是在这样的沟通中传递着讯息。他的课全然不会让人觉得冗长。听众一个个探着身子，听得聚精会神。教室里充满紧张感。因为谁都无法预料接下来会聊到什么。

原来不用PPT也能把课上成这样呀！我深感认同，决定以后要多向桑德尔教授学习。

临场感和面对面

PPT的制作技术也在不断进化，有些学生甚至会在PPT里加动画和音效，玩得花样百出。然而，花样越多的报告，越让我有上当受骗的感觉。眼看着报告人一页页往下翻，我却不由得疑心起来：真是这样吗？

随着视听媒体的发展，我们似乎不必再使用口头报告这种没有技术含量的法子，剪一段二十分钟的影像放出来就完事了。近年来也确实有些年轻的演讲者在会场播放自己提前准备好的宣传视频。这样的视频确实制作精良，我却总是暗暗惋惜。难得演讲者就在现场,却听不到他亲口说话,大好的机会就这么白白浪费了。

最强大的沟通工具就是讯息发送者的身体在场性。共享此时此地的临场感与面对面正是沟通的原点。而报告其实就是呈现你自己。

口头报告不过是沟通的一种形式。研究会和研讨组之所以重要,正是因为它们具有临场感和面对面的性质。在这样的场合,口头报告传达的讯息可能会超出事先准备好的内容,听众也会给出意料之外的反应。我喜欢现场演讲,也是因为现场可能会引出超越 K 点❶的发言,只教我自己都纳闷"天哪,我怎么说了这么多"(尽管这种情况不是经常出现)。讲着讲着,有时也能让自己转过弯来,发现"哦,原来是这样",或是想通这个和那个之间的联系。演员翻来覆去演同样的剧本,但每次都能体验到只此一次、与观众融为一体的兴奋感,原理应该也差不多。

因此我坚信,无论沟通技术发展到什么地步,空中大学和线上学习都不可能完全取代线下的课程和讲座。无论古今,大学的小规模研讨组都是最奢侈也最丰饶的教育土壤。

现场最有趣

不仅如此,比起讲课和演讲,我更喜欢问答环节。因为讲课和演讲很难带来超越已知情况的收获,问答环节却能碰撞出

---

❶ 德语 Kritischer Punkt,即跳台滑雪的极限点,超过这个点就会有危险。

意想不到的火花。当然,听众的提问也能分成"应该回答的"和"无须回答的",恰似上一章讨论过的内部评论和外部评论。区区凡人无须揽下回答每一个问题的责任,愚蠢的问题大可直接跳过。

跳过问题也是有诀窍的,最简单的方法就是用问题来回答问题。

"既然您这么说,那您是怎么看的呢?"

还可以这么说——

"马克思说过,提问者对问题的思考是最深入的。对刚才那个问题探究最深的肯定也是您。与其问我,您还不如自己回答看看。"

碰到"长期护理保险以后会发展成什么样"这种撒气式的问题,大可如此回答:"您应该去问政府,而不是问我。"

但如果是重拳般震撼肺腑的指摘或直击要害的问题,就应该以诚相待。你的真心话和成长的种子也许就隐藏在这样的沟通中。

跟大家分享一段难忘的记忆吧(虽然这件事并不是发生在演讲的会场)。我在2007年与讲授"生命课"的高中教师山田泉女士见面。当时她被诊断出癌症复发,病入膏肓,是打着止痛药来见我的。她说她很犹豫,不知道该不该接受几个月后的演讲邀约,生怕给人家添麻烦。初次见面的我却劝她答应,还下意识说出这么一句话:"人不需要为活着客气。"这句话把我自己给吓到了。我在无法暂停、只此一回的鲜活现场,挤出了这句肺腑之言。

哦，原来这就是我想说的话……话语就是在这样的场合、在这样的现场生成的，会给说话人和听话人双方带来意想不到的收获。

有人说沟通就好像赌博。你永远不知道对方会不会接你递过去的东西。对方收下的和你递过去的可能并不一样。也可能对方接收到的比你递过去的还多。如果说沟通就是迈向没有立足点的未来，那么发言就是基础中的基础，我们理应充分利用报告的机会，珍惜宝贵的时间资源。而且，口头报告的一次性和面对面能催生出恍然大悟的感受，让你的研究更上一层楼。所以许多作者会在著作中感谢与自己有过对话、给过自己评论的同事和听众。

17 传达讯息

如何传达？

许多人以为，只要提出问题，收集并分析资料，明确了自己的发现和今后的课题，撰写论文……研究就大功告成了。其实不然，还有最后一项重要的工作等待着我们，那就是传达讯息。传达什么？向谁传达？用什么方法和媒介传达？要是无法传达给读者，创造再多的内容都没有意义，可惜很多研究者都忘记了这一点。

出版独著

出版发行的论文被称为出版物（publication）。如前所述，publication 的词源是 publicize（公开）。

该怎么公开呢？"用哪种媒介"是个大问题。

直到最近，研究者挂在嘴边的目标还是"让研究成果变成铅字"。仔细想想，这种媒介的科技含量着实很低。今天的读者大概都不知道铅字为何物了。铅字早已变为印字,铅版印刷也已被电子排版印刷取代,但印刷媒体的门槛依然很高。毕竟印刷耗费纸张资源,纸张的使用量必然有一定限制。在有限的篇幅中占据几页也曾是少数人的特权。

而且印刷媒体江河日下,书籍和期刊也卖不动了。从这个角度看,年轻研究者发表研究论文的门槛是越来越高。对年轻研究者而言,名下有没有独著是关乎生死存亡的大问题,但愿意出版人文社科学术书籍的出版社正在迅速减少。

我认为自90年代中期推行的研究生院重点化政策❶在许多方面都是失败的,仅有的好处就是让学生把"取得学位"当作学术生活的起点,而非终点。拜其所赐,初入学术界的年轻研究者得以在生产效率最高的年纪写出一篇篇质量过硬的学位论文。当然,不同的大学和学科之间存在差异,但具有学位认证资格的大学在品控方面都不会太马虎。不过年轻研究者也为此付出了许多代价。比如因为写不出论文无法就业,又比如学术上高产的年纪与生育期重合,乃至影响个人生活……

如今已成为社会学中流砥柱的小熊英二先生就是一个非常幸运的例子。他在辞职离开出版社后考入研究生院,硕士论文直接出版成题为《单一民族神话的起源》(1995)的大作,之后的博士论文也成了一本厚厚的独著,题为《"日本人"的界限》

---

❶ 针对高等教育系统的改革,旨在将原本以培养本科生为基础的教育结构改为以培养研究生为重心,大学将本科生的录取名额部分转移到研究生院。——编译注

(1998)。前者为相当于 B6 纸的开本，共四百六十四页。后者为 A5 版，足足有七百九十二页。售价自然也不便宜，但两本书都卖到再版，想必出版社也没亏。

然而，出版一个名不见经传的新人的学位论文，而且往往是成本高昂的大部头，必然伴随风险。想当年大家常说人文社科类图书的阅读人口约为三千，首刷能卖出三千册就能赢利，但随着阅读人口急剧缩水，首刷三百册在某些领域已成常态。印数越少，定价越高，而书越贵就越卖不出去，于是形成恶性循环。再优秀的学位论文也很少有出版社肯接。即使印数只有三百册，但名下有独著，而且是学位论文改编的独著，仍能成为研究者莫大的优势。事实上，有些学位论文吸引不了多少读者，在专业领域却是具有里程碑意义的宝贵业绩，不容忽视。

出版小熊先生著作的新曜社就是极少数愿意发行此类书籍的出版商。上野研讨组也有好几位学生受其关照，比如福冈爱子的《"文化大革命"的记忆与忘却》(2008)、佐藤雅浩的《精神疾病话语的历史社会学》(2013)、野边阳子的《领养家庭的社会学》(2018)。这几位同学的硕士论文和博士论文几乎原封不动地出版成了独著。福冈同学当年是第一次出版独著，还荣获第二十五届大平正芳纪念奖。没有责编涡冈谦一先生的鼎力相助，这些书就不可能与读者见面。

向普通读者传达

学位论文直接出版成单行本是极其幸运的事情。没几家出版社愿意做六百张四百字稿纸（换算成普通书籍就是四百多页）的大体量独著。因此许多出版社会要求作者改写。而书的理念会在这个过程中发生巨变。

为了压低售价、提高印数，必须把论文改写成面向普通读者的非学术书籍，这意味着风格和结构也要相应调整。最要命的是，篇幅必须压缩到原来的二分之一到三分之一。满足这些要求绝非易事，需要耗费大量的时间和精力，无异于从头写起。我有不少学生在这个环节屡战屡败，痛苦到精神险些崩溃。无论学位论文多长，导师都不会有怨言。写得长，反而让人觉得没有功劳也有苦劳。（尽管我常在心里抱怨：你完全可以写得再精简一点嘛！）可是坦率地讲，研读那些冗长的论文对导师而言也是一种煎熬。只有导师会耐着性子读学生的论文，因为这就是导师的职责所在。

书的目标受众是普通读者，但我们绝对不能因此小看读者。"写得简明易懂"和"降低水准"是两码事。写作过程要时刻抱着写给自己的理想读者的心态。因为"外行不懂的，内行也不会懂"（第14节）。写给不和自己共享前提的外行读者，也许更考验作者的写作技巧。

让他人看你写的书，就是在占用他人的时间。直到现在，我在送书给人时仍会有些过意不去。因为我会扪心自问，自己的书值不值得占用对方的宝贵时间。因此我们一定要努力以简明易懂的方式表达自己的观点。

而且这份努力一定会有回报。学术论文和专业书籍的阅读人口也就十的二次方左右，再多也不会超过十的三次方。写成非专业书籍，读者数量说不定能增加一位数。就算销量没有显著增加，作者也有可能遇到前所未见的读者。

第11节提到的一宫茂子同学的著作《移植与家庭》（2016）就是一个典型。作者多年以护士身份深耕活体肝移植的前沿医疗领域，呕心沥血写出这本人生的集大成之作。若将她的论文出版成医学专著，怕是卖不了几本，也难以收获赞誉。因为她跟踪调查的不是医生关注的病人，而是那些被遗忘的捐献者。她历时二十余年长期采访，深入家庭关系的细节，展示了患者治疗的成败与捐献者是否庆幸配合活体器官移植这种高侵入性治疗方案之间的不完全一致之处，为医疗第一线带来深刻的反思。这本著作从实践出发，针对正犹豫是否移植的捐献者和受赠者，以及患者、家属和医疗工作者之间的长期关系提出了真知灼见。不过，为了将论文出版成非专业书籍，编辑要求篇幅减半。在修改论文的过程中，一宫同学的身心饱受折磨。她告诉我，没想到熬过撰写博士论文的痛苦，还有另一种痛苦等待着自己。

近年来，有越来越多硕士论文直接出版成书。因为硕士论文的篇幅约为八万到十六万字，做成B6大小的新书刚刚好。而且新书已成消耗品，只要主题新颖有趣，编辑就会找上门来。中野圆佳同学的《"育儿假世代"的困境》（2014）便是如此。新雅史的《"东洋魔女"论》（2013）、涩谷知美的《日本处男》（2003/2015）原本都是硕士论文。

硕士论文要是直接出版成单行本，在旁人看来简直和灰姑娘一样幸运，但我一定会提醒这些幸运的学生：硕士论文一旦出版成书，博士论文的门槛就高了。因为写过的东西没法再用第二遍。博士论文最高效的写法，就是对硕士论文做一番延伸、整合与升级。可你要是把硕士论文输出成书，就得重新提出问题。博士论文本可以用五年❶慢慢完善，现在却不得不赶在读博的三年之内写完，压力之大可想而知。

输出有一种神奇的魔力。一旦输出就很难改写，而且提前输出自己的研究成果永远伴随着采摘青涩果实的风险。出版的机会越多，成果以不成熟状态问世的概率就越高。概念之所以为concept是非常合理的，因为concept的词源是conceive（孕育），而conception正是受孕的意思。因为想法就该揣在怀里暖着，耐心等待它成熟。

一路走来，我有幸得到许多可贵的出版机会，但现在回想起来还是有些遗憾。因为有些想法本可以继续壮大，可惜还没熟透就被我生了出来。早产的研究也是五脏俱全的成品，却又不同于人类的婴孩。一旦早产，就无法继续成长了。

所以做研究也讲究瓜熟蒂落。

---

❶ 一般而言，日本硕士课程为两年，博士课程为三年。——编译注

18 成为制作人

印刷媒体还是电子媒体？

如何应对信息技术的变化，选择最适合自己的媒介，已成当今作者的一大挑战。除了传统的印刷媒体，还有新兴的电子媒体可选，后者大大降低了传递和接收讯息的门槛。要求大学公开信息的呼声也愈发强烈，如今除特殊情况外，学位论文都要在网上公开，可以随意查阅、免费下载全文甚至按需出版，无须像以前那样找人帮忙复印全文，费时又费力。学位论文有著作权，但不收取使用费，因为学术知识是公共财产，除非申请了知识产权专利或注册了商标。

最近还有人把整篇论文发布在自己的博客或网站上。亚马逊推行书籍电子化时，日本笔会的部分成员有意提起著作权诉讼，也来找我入伙，但我没有点头。当然，对于靠稿费和版税收入维持生计的作者来说，这也许是生死攸关的问题。即便有人指责我"你能说这些风凉话，还不是因为你在大学当老师，有稳定的工资可拿，不靠稿费开锅"，我也无话可说。但世上确实有人想将自己的讯息传达给更多读者，哪怕分文不收也在所不惜。对写作者来说，这种想法再自然不过。那些希望为自己的讯息争取报酬的人，也不得不与愿意无偿提供讯息的人竞争。既然如此，设置不必要的高门槛又有什么意义呢？

私有财产、俱乐部财产❶与公共财产

财产分为私有财产、俱乐部财产和公共财产。知识财产也一样。通常情况下，财产会在转让或分割后缩水，唯独知识财产例外。知识财产可以无限复制，其原始价值不受影响，有时甚至因分享范围越广，价值就越高。

俱乐部财产介于私有财产和公共财产之间，是只有特定范围的人才有权接触的公共财产。从某种角度看，书籍也算会员制的俱乐部财产，只有支付费用才能翻阅。著作权持有人和出版社因为新作出现在图书馆而感到不悦，也是在所难免。因为在他们看来，在图书馆借阅新作无异于搭顺风车，没有支付"会费"就接触到了俱乐部财产。特定群体的名录和内幕信息也属于俱乐部财产。此类俱乐部财产一旦变成可随意取用的公共财产，价值就会大打折扣。因为信息差会产生利益。

然而，对我们这些想成为信息发布者的人来说，信息究竟是私有财产、俱乐部财产还是公共财产呢？若是私有财产，像

---

❶ 也称"准公共财产"，介于纯粹的公共物品与纯粹的私人物品之间，具备排他性，但不具备竞争性，如收费公园、公共交通等。——编译注

所谓的"壁橱作家"那样把稿子收进柜子就是了。但在这种状态下，你即便生产了信息也无法成为信息发布者。没有传达给读者、没有被消费的信息是没有价值的。为了让信息成为俱乐部财产，需要有一定数量的人为这些信息支付代价。但信息有一种特性：不实际消费一下，就不知道它是什么。能为品质担保的只有作者的名号或书评的背书等外围信息。在信任的驱使下看了书，最后却想讨回花在书上的时间和金钱……这样的书不在少数。除了那些希望像作家和撰稿人那样靠笔杆子养活自己的人（其实靠稿费和版税收入维持生计难于登天），肯定有许多作者宁可分文不收，也想将自己生产的信息传达给尽可能多的读者。

在这方面，最让我佩服的就是诺贝尔文学奖得主斯韦特兰娜·阿列克谢耶维奇。得知她曾将作品的俄语版和法语版全文发布在自己的网站上供公众阅览时，我深受触动。要是能顺便带上英语版和日语版就好了。

现行的著作权法规定，著作权持有人去世五十年后，作品便进入公有领域。1994年之后掀起了一股翻译圣埃克苏佩里著作的热潮，也是因为他去世已满五十年。《跨太平洋伙伴关系协定》生效后，著作权保护期将延长至七十年。我却觉得延长还不如缩短，为人们提供二次创作和其他表达活动的素材，才更有利于激活文化。

我担任理事长的认证NPO法人Women's Action Network

的网站❶设有爱好者杂志图书馆，收藏了一直以来支撑着草根女性运动的内部杂志的电子版。感谢编辑和出版方的厚意，《日本妇女解放运动史料》（全三册，沟口、佐伯、三木编，1992—1995）也得以在网站上供人免费查阅。图书馆还收藏了爱好者杂志中的经典——森崎和江女士领衔编撰的《无名通信》，自1959年的创刊号以来一期不落，多亏森崎女士本人点头。原本只有内行知道、只在少数人中流传的宝贵信息就这样变成公共空间的公共财产。有别于其他财产，信息财产无论复制多少次，原始价值都不会降低，反而还会增值，着实不可思议。

选择合适的媒体

　　印刷媒体的选择多种多样，包括自费出版的爱好者杂志、有同行评审制度的学术期刊、不设评审环节的投稿期刊、研究会志、小团体杂志等等。每种媒体都有相应的投稿门槛、条件、质量要求、篇幅和格式限制。不仅如此，不同媒体对应的读者属性也各不相同，有专业读者、普通读者、业内人士之分，合适的文体和写作风格当然也不尽相同。因此我们需要根据自己想要传达讯息的对象，选择合适的媒体。

　　我曾任日本女性学研究会出版的《女性学年报》创刊号的主编。它是日本第一份冠名"女性学"的杂志，在1980年创刊后共发行了三十八期。其编辑机制在"培养评论能力"一节中已经详细讲解过。之所以创办这份杂志，是因为当时没有任

---

❶ http://wan.or.jp/

何媒体愿意刊登我想写的东西。社会学学会有自己的学术期刊《社会学评论》，但可以预见的是，女性学的论文一定会遭到退稿，被打上"过于主观"的标签。我可以心平气和地写出一篇社会学论文，可撰写女性学论文时，我总会怒火中烧。心中的愤怒也会流露在字里行间，强烈彰显自身的立场。这份"主观"到极点的杂志就这样应运而生。它优先采用其他媒体不可能刊登的、"立足于女性学视点犀利提出问题，从全新角度加以分析，对各领域产生影响，立志与读者携手推动变革"❶的论文。当时我们做梦也没想到，发表在《女性学年报》上的论文有朝一日会被其他期刊引用。

选择写作风格

每种媒体都有不同的特质和读者群体，要求的水准也不一样，选择怎样的写作风格就成了个大问题。

年轻时，我会刻意在不同媒体使用不同的风格，力求变幻多样，让读者惊呼："啊？真是同一个人写的吗？"有人说，写作风格是思考的工具，所以应当像小林秀雄、村上春树那样，培养出只读几行就能感受到鲜明个性的写作风格（这也是风格可以模仿❷的原因所在），我却认为风格一成不变反而会限制思考。单一风格可以思考和表达的东西终究是有限的，还是多掌

---

❶ 出自《〈女性学年报〉的目标》(《女性学年报》第38期，日本女性学研究会，2017年，iv页)。"目标"是每期卷首都有的栏目。
❷ 在模仿风格方面，神田桂一、菊池良的《写作大师课：炒面的100种创意写作法》(2017)是近年来关注度较高的著作。

握几种为好。

过于习惯面向普通大众的浅显风格，就很难写出缜密而复杂的内容。才华横溢的年轻作者容易接到新书的邀约，但新书的性质已然更偏向流动信息，而非库存信息。作者和读者都期待此类信息更快、更浅、更易懂。一旦用惯这种新书风格，就很难再写出必须细细推敲每一个概念、搭建缜密逻辑的学术论文。年轻作者需要认识到，他们可能会跟流动信息一样，被当成用后即弃的流动财产。

撰写本书时，我也纠结过该用口语体还是书面体。最终我选择了前者，想必内容也在一定程度上受到了这种风格的影响。

同侪团体

话虽如此，不同于网络世界每天涌现的流动信息，书籍终将成为各领域的库存信息。写书的门槛很高，而且离不开导师、同侪和编辑的指点与陪伴。上野研讨组的机制就在于通过研究计划、资料收集、资料分析、撰写目录样章和评论会等结构化的课程环节，打造一个由同侪组成的研究社群。同侪在积累评论经验的过程中提高评论能力，逐步成长为优秀的读者。上野研讨组的每届学生都很要好，可能也因为大家共享了这一过程，见证了彼此的成长，进而萌生出伙伴意识。不过嘴臭的学生常说："大家携手熬过了上野研讨组那地狱般的日子，不团结才怪。"我高度认可这种面对面小班的教学效果，坚信小规模的研讨组才是大学教育的精髓，永远不会被线上教学取代。

名为"出版"的权力

即使媒体升级换代，打造优质内容的制作人角色也不会消失。问题在于，即使这项工作本身很有价值，却不一定能收获报酬。最近常有人哀叹，需要支付采访经费的纪录片、纪实作品以及需要核实查证的调查报道都没人做了。如果电子媒体上的内容全都免费，人们说不定就没有动力提供信息了。想将讯息传达给更多读者，却又希望讯息的发布能带来报酬，想两全其美只怕是越来越难。

印刷媒体的制作成本相对较高，因此在印刷媒体上发布信息仍是许多人难以企及的梦想。

实在想有一本自己名下的独著，倒也不是不能自费出版。不过由于近年来出版市场急剧衰退，基于商业媒体的非自费出版变得愈发困难。因为出版商没了承担风险的底气。这些年来，我一直扮演着制作人的角色，跟培训艺伎的老板娘似的到处推销"我这儿有个不错的苗子"，将一位位作者送进出版界。但近几年我切身感觉到这种项目是越来越难做成了。

在学术界，职位和研究经费是资源，出版机会亦然。出版业可谓东京独大。我时常提醒东大的研究生，"别忘了你们占尽地利"。东京有许多编辑，他们无时无刻不在寻觅有才华的年轻作者。光是待在东大上野研讨组这样的地方，就很容易被他们留意到。同等水平的外地作者怕是会湮没在茫茫人海中。

找我牵线搭桥的人也是络绎不绝。甚至会有陌生人冷不丁寄来厚厚一摞复印件，说"我想出书，麻烦您帮忙介绍个出版社",这可叫我如何是好啊。

我感觉很多人徒有出书的满腔热情,却不知该如何托人帮忙。每次有人找我咨询出版事宜,我都会提出以下要求。可惜很多人连最起码的规矩都不懂,还是借此机会梳理一下好了。

首先,委托他人牵线时,请务必备妥以下四项:

(1) 作者姓名(或笔名)和简介
(2) 本书的主旨和目标读者
(3) 书名和目录
(4) 样章

请大家牢记,无论是口头报告还是阐述观点的文章,都会占用他人的时间资源。把一本书厚的稿件递过去,撂下一句"麻烦您看一看",对方也会手足无措,往桌上一堆了事。(1)到(3)最多不超过一张A4纸,如果对方看后感兴趣,自会阅读样章。样章读下来也不错,就会想读其他章节。样章要选择最接近核心、最有意思的部分。作者的风格和文笔也是编辑的评判标准。苹果烂没烂,咬一口就知道。不必通读全文,也能有个大体的印象。

"本书的主旨"和"目标读者"缺一不可。"你想让谁看这本书"(即收件人)非常重要,如果是"想让尽可能多的人看到"或"写给每一个人",这种收件人模糊笼统的书反而没人看。读者研究将读者分为两类:正统读者(legitimate reader)和非正统读者（illegitimate reader）。前者位于目标受众的正中心，后者则是碰巧"偷听"到这本书的读者，并非直接收件人。无论正统读者有多小众，针对的读者（收件人）越是明确，非正统读者就越是容易被打动，越是容易去"偷听"……这就是书籍的特质。与正统读者（目标收件人）形成面对面的关系，清楚地认识到谁是你的正统读者，才说明你具备了作者最基本的素养——绝不低估读者。有一次，我收到一位年轻研究者的赠书，发现书的目标读者很不明确，总感觉作者故意留了一手，没有全力以赴。我跟作者坦率分享了自己的感想，他竟回答道："这书是网上的连载改编的，天知道谁会看，读者大概也就这点水平吧。"听得我目瞪口呆。作者迟早会为低估读者付出代价，因为作品的质量肯定会打折扣。

有些年轻作者特别抠门，总想着这本书用八分力，剩下的两分留给下一本。有些则疑神疑鬼，生怕亮出底牌，想法就会被同行偷去。一味保留实力，而不全力以赴，就只能写出平平无奇的作品。不要藏着掖着，不要害怕倾注当下的所有力量。因为只有这样你才能更上一层楼。也没必要害怕别人偷走你的想法。文科研究不同于理科研究，每一个想法都有自己的个性，不是他人随随便便就能模仿的。想法的价值得到认可，转化成公共财产，那才是莫大的光荣。什么样的研究都只是当下的"中期报告"。时刻全力以赴，才能百尺竿头，更进一步。

编辑就是制作人

编辑的介入是出版的重要环节。大众读物的读者与学术专著的读者性质迥异。商业出版社的编辑就是协调作者和广大读者的第一读者，发挥着中间人（媒介）的角色。

从这个角度看，我的编辑运着实不错。好编辑对作者的培养绝不亚于好老师。所以，为作者和出版方牵线搭桥时，我会尽早将作者交到好编辑手里，然后尽量少管。如果第一读者不止一个，作者很容易晕头转向，不知道该听谁的建议。听说有些编辑只负责把作者的稿子送去印厂，但至少我遇到并选择与之合作的编辑都不是这样的搬运工。他们发挥着制作人的作用，致力于将作为商品的书籍推向阅读市场。他们毫不客气地提出各种要求，有时甚至会让我重写。我为自己能被这样的编辑选中深感自豪。作者能不能遇到一个好编辑，就跟艺术家能不能遇到一个良心的画廊老板一样重要。

畅销书《在东大和上野千鹤子学"吵架"》（2000/2004）就是一个成功案例。作者遥洋子女士是一位关西电视明星，因为想做性别研究来上野研讨组学习了两年，这本书就是学习成果的汇总，单行本加文库本的总销量已达二十二万册。

在研讨组待上两年也差不多了，于是我问她："是时候毕业了吧？要不要写篇毕业论文？"结果，她交来一份非常有趣的稿子。我便把它托付给藤本由香里女士。她是我十分敬爱的编辑，任职于筑摩书房。编辑提出种种要求，作者也一一达成，最终联手打造出一本魅力四射的书。我心想，稿子都交到好编辑手里了，自己还是少管为好，没想到她俩取的书名直教我大呼"饶了我吧"。为了出口恶气，我在书的开头如此寄语——"这是我都不曾了解的我自己"。这本书的成功当然离不开作者遥女士的敏锐直觉和聪慧头脑，但制作人藤本女士的策略也非常奏效。

藤本女士曾是我在筑摩书房的责编。我与她合作的第一部作品是《寻找"自己"的游戏》（1987/1992）。当时年纪轻轻刚入职的她给我留下了深刻印象，因为她在稿子上贴满浮签，提出了许多问题，足见她看得有多认真。后来她感慨万千地回忆道，我对她的有求必应为初出茅庐的她注入了莫大的信心。有一次，她把委托我写的稿件的主旨讲得一清二楚，于是我便对她说："你的思路都这么清晰了，为什么不自己写呢？"后来她真的转型成了作者，如今已经是日本顶尖的漫画研究者（藤本，2008）。

传达给读者

我总会如此叮嘱有幸出书的新人作者："既然出了书，就得想方设法把书送到读者手里。要想让读者自掏腰包、花时间去看你的书，就得向名不见经传的演歌歌手学习。他们巡演到哪里，就会把自己的CD推销到哪里，你也要卖力推销你的书。这是作者的责任。"有些作者认为自己的责任终于书籍出版的那一刻，其实不然。"出书"就是向出版市场投放一款商品，学术专著也不例外。所以我不仅认可编辑的作用，也高度认可

出版社销售和书店负责人的价值。❶

我还想告诫机灵的年轻作者：出版的机会越多，你的才华就越是容易成为用完即弃的消费品。对出版界而言，作者就是一种耗材，有的是替代品。我常把精明能干的编辑比喻为"鬣狗"。这当然是我对他们的最高赞誉，但也不得不承认，软弱的作者会被他们吃干抹净。

根据最新的文本理论，文本要经过生产、传播、消费才算大功告成。文本只能在读者消费的过程中实现再生产。没有读者的文本只能沦为滞销货。

读者最是可贵。我的编辑运很好，读者运也不错。我的文本曾受批判，也曾遭到误解，但有更多优秀的读者给出正确的解读，给了我莫大支持。培养作者的终究还是读者。而衔接作者和读者的，正是包括编辑在内的媒体。

打造内容

媒体需要内容，内容也离不开媒体。借用传播理论家马歇尔·麦克卢汉的说法，这里的"媒体"或许能替换成"讯息"。

日本动漫已发展成庞大的内容产业，作品多为集体工作室所创，而非个人产物。如今这些内容已然褪去"日本制造"的印记，广泛流通于世界各地。

我总是提醒东大的学生："你们或许可以成为内容的销售

---

❶ 所以"新编　日本女性主义"第 7 册《表达与媒体》（2009）提到了出版界和电视媒体的作用。

方,却无法成为内容的创作方。"因为他们是平均分很高的全能型选手,却不是执着讲究的创作者,没法一根筋地打造出原创作品。当然,销售方可能比创作方赚得更多。跟IT企业多玩国的川上量生先生聊到这个问题时,他给出了很是明快的回答:内容创作是一项非常非常非常不划算的工作,不是发自内心地喜欢、一点都不计较得失,就绝对干不下去。

不过,优秀的内容背后必然有出色的制作人。编辑就相当于书的制作人。制作人是一个不可思议的角色。好比电影制作人吧,他可以不会导戏、不会拍摄、不会表演,只要能挖掘各个领域的能人,再将他们拧成一股绳就行。所以我常说,无能之辈也能成为制作人,只要你具备调用有能之人的能力。但前提是你知道自己想要但尚未问世的是什么。换句话说,你要有做梦的能力,外加实现梦想的能力。

日本急需但又紧缺的正是制作人。各领域都有杰出的专业人士,却没有人把他们联合起来,激发出化学反应,催生出一加一大于二的产物。近年来,人们终于达成共识,认识到培养此类人才的必要性。

我问过日本内容产业最优秀的制作人之一、吉卜力的铃木敏夫先生:"制作人可以培养吗?可以的话,该如何培养呢?"

他的回答是YES & NO——"制作人是自己成长起来的,而不是别人刻意培养出来的。"

当时我撺掇铃木先生:"要不您来办个制作人培训班?"他好像也挺动心的,不知真办起来了会安排怎样的课程。这几年以"社区设计师"自居的山崎亮先生就在东北艺术工科大学社区设计系培养这类人才，看来也并非全无可能（山崎，2012）。不过川上先生也曾拜入铃木先生门下（川上，2015），基本上还得是跟着制作人老前辈边做边学。

印刷媒体的地位在网络的冲击下有所降低，但人们对可靠的信息内容的需求并未消失。所以我坚信，就算出版业有朝一日没落或消失，编辑也会屹立不倒。

培养信息生产者

本书讲解了成为信息生产者所需的知识与技巧，这些知识与技巧可以作为共同财产在社会上传播。既然如此，成为制作人所需的知识与技巧就不能转化成可以传播的智慧集合吗？资质和才能当然也很重要。

学术界已经建立起专门培养作为工匠的信息生产者的系统性知识技巧。只要加以学习掌握，就算做不出杰作，也能产出标准的产物。学术知识的制度性再生产（即大学）就建立在这套机制的基础之上。我自认在本书中毫无保留地分享了自己掌握的知识与技巧。

之所以在最后添加"成为制作人"的章节，是因为信息生产者必须同时成为自己的制作人。在当下的大环境下，这包括网络上的身份管理、个人品牌塑造以及营销策略等等。与只有印刷媒体的时代相比，对于即将面世的信息生产者而言，局面变得更加艰难复杂了。

我是信息生产者，也在培养信息生产者的领域深耕多年。

上野研讨组的学生说过这么一句暖心话："上野老师就跟接生婆似的，把我们心中那些未见天日的东西带到了这个世上。"没错，"未见天日的东西"本就存在于当事人的内心。教育者的职责就是赋予其形态，将它们带到这个世界。见证它们诞生的刹那也是当老师的极致之乐。我自己也是这样被前辈、同侪和苛刻的编辑培养出来的，他们都是我学术生涯的恩人。请大家牢记，是优秀的读者培养了优秀的作者。

所谓信息生产者，就是将未见天日的内容带到世上的人，就是盼着将这些内容转化成公共财产的人。要成为信息生产者，就必须具备想象此时此地尚未存在之物的造梦能力。这下就首尾呼应了——其实这就是提出问题的能力。

祝君好运。希望这本书能帮你生产出真正想要传达给这个世界的信息。

后记

我很庆幸日文版最后敲定的书名是《成为信息生产者》。改成《如何成为研究者》或《如何撰写论文》也不是不行，但本书的涵盖面要更广泛一些。

而且这个书名还与京都学派泰斗梅棹忠夫先生的名著《智识的生产技术》遥相呼应。我以自己受过京都学派的熏陶为荣。但最要紧的东西大学是一点都没教。我是在大学之外、大学周边和兼职的智库通过实践掌握了何谓信息生产。京都学派的知识并非思辨性的，而是实践性的。

我在三十多岁时出国进修过，也在外国的大学教过书。外国的课程设置让我认识到高等教育的附加价值。我也将自己学到的知识和技巧倾注在教育第一线，多年教育经验的结晶便是这本书。

都说教育和研究要两手抓，但对于大多数大学教师来说，教学与研究并不一致。研究生会在读研时逐渐形成研究者的身份认知,却没能培养出教育者的身份认知与相关技能。毕竟,大学教师不需要持证上岗。大多数研究者会在拿到职位、首次站上讲台时大吃一惊:"我以后就得以此为生了吗?"

可事到如今也不能走回头路了。我从事教学工作已有四十余年。在这本书中,我毫无保留地分享了在一线跌打滚爬、亲身实践得来的知识与诀窍。从职校到研究生院,从私立大学到国立大学,从继续教育到终身学习,从日本学校到外国教育机构……正如在前言中提到的那样,我的教育经验算是很广泛了。我在多种多样的教育环境中面对过形形色色的"顾客"(教师无法选择学生)。多年经验告诉我,教学的基本原则是不管学生怎么变,自己也要以不变应万变。话虽如此,我想强调的并不是教师的心态、姿态、激情或理想。这本书传达的知识与诀窍是为了面对没有解答的问题,不管你是什么年龄、什么性别、什么立场、成绩如何,都能理解吃透,学以致用。这些知识与诀窍一点都不难,也不神秘。只要照办,谁都能稳稳当当地成为信息生产者。

高等教育的价值不在于获取知识,而在于获取"如何生产知识"的元知识。被文部科学省认定为毫无价值的人文社科其实很重要,因为获取元知识离不开这些学科。即使现有知识成了一堆废纸,元知识也能自行生产新知识,所以它才如此重要。换句话说,拥有了元知识,就拥有了在无法预测、无法控制的世界中无论何时何地都能生存下来的智慧。在前方迷雾重重的社会,这种能力将变得愈发重要。

肯定有人对教育的附加价值这样的说法嗤之以鼻。然而，本科生要在大学里度过十八岁到二十二岁的光阴，研究生则是把二十出头的大好年华挥洒在校园里。还有一把年纪的社会人士辞去工作，投入成本和时间回到大学。我们理应在持续数年的学习生活中让他们庆幸自己接受了高等教育，让他们真真切切地感受到，和入学前相比，自己在各方面都有了更好的应对能力。否则高等教育又有什么价值呢？

多亏各位学生和学员培养出作为教育者的我。我由衷感激每一段邂逅。同样感谢筑摩书房的编辑桥本阳介先生，正是他怂恿我写了这本书。为见证我的教学现场，他还跟着立教继续教育学院的研讨组上了一年的课。又过了五年，这本书才有雏形。都走到这一步还食言，我可就无颜面对苍天了。抱歉让大家久等了。

希望这本书能对学习者和教育者都有所助益。

2018 年仲夏

上野千鹤子

参考文献

（按罗马音字母顺序排序）

阿部真大 2006『搾取される若者たち——バイク便ライダーは見た！』集英社新書

赤川学 1999『セクシュアリティの歴史社会学』勁草書房

天野正子・伊藤るり・井上輝子・伊藤公雄・加納実紀代・江原由美子・上野千鶴子・大沢真理編、斎藤美奈子編集協力 2009『新編 日本のフェミニズム』第七巻「表現とメディア」、岩波書店

新雅史 2013『「東洋の魔女」論』イースト新書

Barthes, Roland, 1967, *Système de la mode*, Paris: Seuil.（=1972 佐藤信夫訳『モードの体系——その言語表現による記号学的分析』みすず書房）

Beck, Ulrich, 1986, *Risikogesellschaft: Auf dem Weg in eine andere Moderne*, Frankfurt am Main: Suhrkamp Verlag.（=1988 東廉訳『危険社会』二期出版／1998 東廉・伊藤美登里訳『危険社会——新しい近代への道』法政大学出版局）

Becker, Howard S., 1963, *Outsiders: Studies in the Sociology of Deviance*, New York; London: Free Press.（=1978 村上直之訳『アウトサイダーズ——ラベリング理論とはなにか』新泉社）

藤本由香里 2008『私の居場所はどこにあるの？——少女マンガが映す心のかたち』朝日文庫

福岡愛子 2008『文化大革命の記憶と忘却——回想録の出版にみる記憶の個人化と共同化』新曜社

Foucault, Michel, 1976, *Histoire de la Sexualité*, tome 1, Paris: Gallimard.（=1986 渡辺守章訳『性の歴史 I 知への意志』新潮社）

Frühstück, Sabine, 2007, *Uneasy warriors: gender, memory, and popular culture in the Japanese Army*, Berkeley,Calif.: University of California Press.（=2008 花田知恵訳『不安な兵士たち——ニッポン自衛隊研究』原書房）

Garfinkel, Harold, 1967, *Studies in Ethnomethodology*, Englewood Cliffs, N. J.: Prentice-Hall.（=1987 山田富秋・好井裕明・山崎敬一訳『エスノメソドロジー——社会学的思考の解体』せりか書房）

Giddens, Anthony. 1990, *The Consequences of Modernity*, London: Polity Press.（=1993 松尾精文・小幡正敏訳『近代とはいかなる時代か——モダニティ

の帰結』而立書房）

Glaser Barney G. and Strauss, Anselm, L., 1967, *The discovery of grounded theory: strategies for qualitative research*, Chicago: Aldine Pub.Co.（=1996 後藤隆・大出春江・水野節夫訳『データ対話型理論の発見――調査からいかに理論をうみだすか』新曜社）

Goffman, Erving, 1979, *Gender Advertisements*, New York : Harper & Row.

遙洋子 2000『東大で上野千鶴子にケンカを学ぶ』筑摩書房／ 2004 ちくま文庫

平田オリザ 2016『下り坂をそろそろと下る』講談社現代新書

一宮茂子 2016『移植と家族――生体肝移植ドナーのその後』岩波書店

井上輝子 1980『女性学とその周辺』勁草書房

磯野真穂 2015『なぜふつうに食べられないのか――拒食と過食の文化人類学』春秋社

神田桂一・菊池良 2017『もし文豪たちがカップ焼きそばの作り方を書いたら』宝島社

春日キスヨ 1989『父子家庭を生きる――男と親の間』勁草書房

川上量生 2015『コンテンツの秘密――ぼくがジブリで考えたこと』NHK 出版新書

川喜田二郎 1967『発想法――創造性開発のために』中公新書／ 1984 中公文庫

川喜田二郎 1970『続・発想法――ＫＪ法の展開と応用』中公新書

貴戸理恵 2004『不登校は終わらない――「選択」の物語から〈当事者〉の語りへ』新曜社

木下康仁 2003『グラウンデッド・セオリー・アプローチの実践――質的研究への誘い』弘文堂

近藤裕 1998『家庭内再婚――夫婦の絆とは何か』丸善ライブラリー

Malinowski, Bronislaw, 1922, *Argonauts of the Western Pacific: An account of native enterprise and adventure in the Archipelagoes of Melanesian New Guinea*, London: Routledge & Kegan Paul. （=1967 泉靖一・増田義郎編訳「西太平洋の遠洋航海者」『世界の名著（59）マリノフスキー／レヴィ＝ストロース』所収、中央公論社／ 1980 泉靖一・増田義郎編訳、新装普及版『世界の名著（71）マリノフスキー／レヴィ＝ストロース』中央公論社／ 2010 増田義郎訳『西太平洋の遠洋航海者』講談社学術文庫）

箕浦康子 1999『フィールドワークの技法と実際――マイクロ・エスノグラフィー入門』ミネルヴァ書房

溝口明代・佐伯洋子・三木草子編 1992-95『資料日本ウーマン・リブ史』Ⅰ、Ⅱ、Ⅲ、ウィメンズブックストア松花堂
目黒依子 1987『個人化する家族』勁草書房
森村泰昌 1998『芸術家Mのできるまで』筑摩書房
Morris, Desmond, 1977, *Manwatching: a field guide to human behavior*, London: Jonathan Cape (=1980 藤田統訳『マンウォッチング――人間の行動学』小学館／2007 小学館文庫)
中河伸俊 1999『社会問題の社会学――構築主義アプローチの新展開』世界思想社
中西正司・上野千鶴子 2003『当事者主権』岩波新書
中野円佳 2014『「育休世代」のジレンマ――女性活用はなぜ失敗するのか?』光文社新書
野辺陽子 2018『養子縁組の社会学――〈日本人〉にとって〈血縁〉とはなにか』新曜社
野田正彰 1988『漂白される子供たち――その眼に映った都市へ』情報センター出版局
小熊英二 1995『単一民族神話の起源――〈日本人〉の自画像の系譜』新曜社
小熊英二 1998『〈日本人〉の境界――沖縄・アイヌ・台湾・朝鮮 植民地支配から復帰運動まで』新曜社
Oldenburg, Ray, 1997, *The Great Good Place: cafés, coffee shops, bookstores, bars, hair salons, and other hangouts at the heart of a community*, MA: Da Capo Press. (=2013 忠平美幸訳『サードプレイス――コミュニティの核になる「とびきり居心地よい場所」』みすず書房)
Park. R. E., 1950, *Race and Culture*. New York: Free Press.
Putnam, Robert, D., 2000, *Bowling alone: the collapse and revival of American community*, New York, N.Y.: Simon & Schuster. (=2006 柴内康文訳『孤独なボウリング――米国コミュニティの崩壊と再生』柏書房)
佐藤文香 2004『軍事組織とジェンダー――自衛隊の女性たち』慶應義塾大学出版会
佐藤郁哉 1984『暴走族のエスノグラフィー――モードの叛乱と文化の呪縛』新曜社
佐藤雅浩 2013『精神疾患言説の歴史社会学――「心の病」はなぜ流行するのか』新曜社
Stonequist, E. V.1937. *The marginal man: a study in personality and culture*

conflict, New York,: Scribner/Simon & Schuster.

澁谷知美 2003『日本の童貞』文春新書／2015 河出文庫

白井裕子 2006「男子生徒の出現で女子高生の外見はどう変わったか——母校・県立女子高校の共学化を目の当たりにして」『女性学年報』二七号、日本女性学研究会『女性学年報』編集委員会発行

立花隆 2013『自分史の書き方』講談社

上野千鶴子 1982『セクシィ・ギャルの大研究——女の読み方・読まれ方・読ませ方』光文社／2009 岩波現代文庫

上野千鶴子 1987『〈私〉探しゲーム』筑摩書房／1992 ちくま学芸文庫

上野千鶴子 1990『家父長制と資本制——マルクス主義フェミニストの地平』岩波書店／2009 岩波現代文庫

上野千鶴子 1995「歴史学とフェミニズム 『女性史』を超えて」『岩波講座 日本通史』別巻一（上野千鶴子 2002『差異の政治学』岩波書店所収）

上野千鶴子 2002『サヨナラ、学校化社会』太郎次郎社／2008 ちくま文庫

上野千鶴子・三浦展 2007『消費社会から格差社会へ——中流団塊と下流ジュニアの未来』河出書房新社／2010 ちくま文庫

上野千鶴子編 2008『「女縁」を生きた女たち』岩波現代文庫

上野千鶴子 2017「当事者研究としての女性学」熊谷晋一郎編『みんなの当事者研究』金剛出版

上野千鶴子監修／一宮茂子・茶園敏美編 2017『語りの分析——〈すぐに使える〉うえの式質的分析法の実践』（『生存学研究センター報告』27 号）立命館大学生存学研究センター

梅棹忠夫 1969『知的生産の技術』岩波新書

Ungerson, Clare, 1987, *Policy Is Personal: Sex, Gender and Informal Care*, London: Tavistock Publications.（=1999 平岡公一・平岡佐智子訳『ジェンダーと家族介護——政府の政策と個人の生活』光生館）

浦河べてるの家 2002『べてるの家の「非」援助論——そのままでいいと思えるための二五章』医学書院

浦河べてるの家 2005『べてるの家の「当事者研究」』医学書院

山田泉 2007『「いのちの授業」をもう一度——がんと向き合い、いのちを語り続けて』高文研

山崎亮 2012『コミュニティデザインの時代——自分たちで「まち」をつくる』中公新書

图书在版编目（CIP）数据

从提问到输出：上野千鹤子的知识生产术 /（日）上野千鹤子著；曹逸冰译. -- 上海 : 文汇出版社, 2024. 10. -- ISBN 978-7-5496-4293-9

Ⅰ.C3

中国国家版本馆CIP数据核字第2024RC5597号

从提问到输出：上野千鹤子的知识生产术

作　　者 /	[日] 上野千鹤子
译　　者 /	曹逸冰
出版统筹 /	杨静武
责任编辑 /	何　璟
特邀编辑 /	欧阳钰芳
营销编辑 /	朱雨清　宣　彤
装帧设计 /	韩　笑
内文制作 /	王春雪
出　　版 /	文匯出版社
	上海市威海路755号
	（邮政编码200041）
发　　行 /	新经典发行有限公司
电　　话 /	010-68423599　邮　箱 / editor@readinglife.com
印刷装订 /	河北鹏润印刷有限公司
版　　次 /	2024年10月第1版
印　　次 /	2024年10月第1次印刷
开　　本 /	850×1168　1/32
字　　数 /	150千
印　　张 /	8.5

ISBN 978-7-5496-4293-9

定　　价 / 49.00元

敬启读者，如发现本书有印装质量问题，请与发行方联系。

JOHO SEISANSHA NI NARU by Chizuko Ueno
Copyright © Chizuko Ueno, 2018
All rights reserved.
Original Japanese edition published by Chikumashobo Ltd.
Simplified Chinese translation copyright © 2024 by ThinKingdom Media Group Ltd.
This Simplified Chinese edition published by arrangement with Chikumashobo Ltd., Tokyo

版权登记图字 09-2024-0535